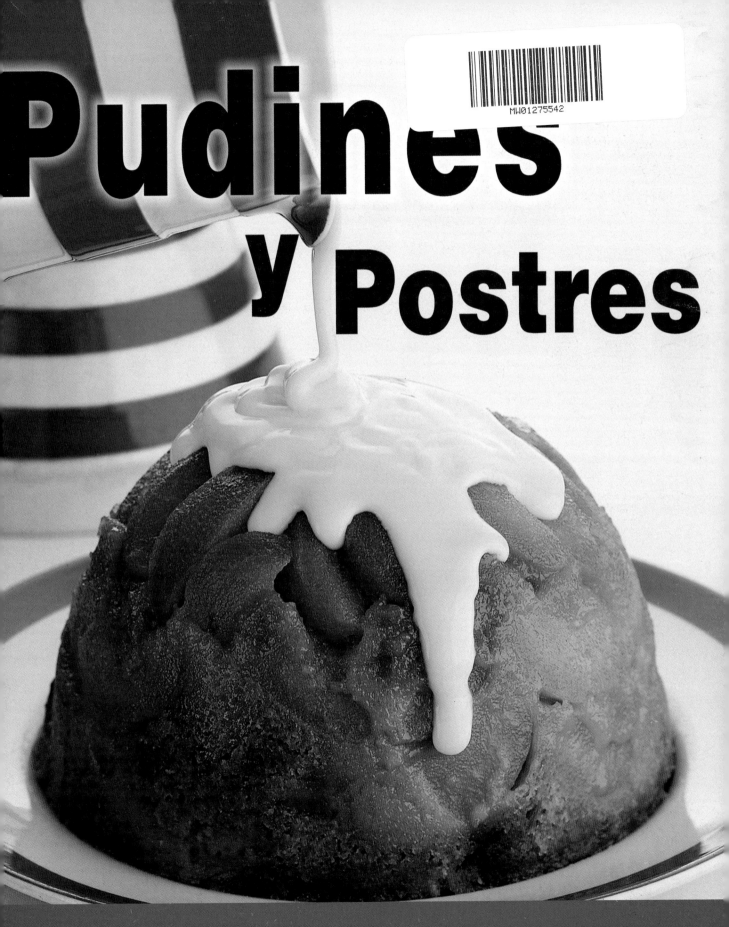

Pudines
y Postres

Grupo Editorial Tomo, S.A. de C.V.,
Nicolás San Juan 1043,
03100 México, D.F.

© Copyright R&R Publications Marketing Pty. Ltd., Australia
© *Puddings and desserts*
PO Box 254, Carlton North, Victoria 3054 Australia
Food photography: Thomas Odulate, Peter Cassidy, Christine Hanscomb,
Huw Williams, Steve Baxter, David Munns and Phillip Wilkins
Home economists: Lucy McKelvie, Bridget Sargeson, Louise Pickford, Jane Stevenson,
Emma Patmore, Oded Schwartz, Alison Austin and Sara Buenfeld
Food stylists: Antonia Gaunt, Roisin Nield, Helen Payne, Sam Scott,
Oded Schwartz and Sue Russell
Nutritional consultant: Moya de Wet BSc SRD
Recipe development: Terry Farris, Jacqueline Bellefontaine, Valerie Barret,
Jan Fullwood, Becky Johnson, Emma Patmore and Geri Richards

© 2007, Grupo Editorial Tomo, S.A. de C.V.
Nicolás San Juan 1043, Col. Del Valle, 03100, México, D.F.
Tels. 5575-6615, 5575-8701 y 5575-0186 Fax. 5575-6695
http://www.grupotomo.com.mx
ISBN: 970-775-252-1
Miembro de la Cámara Nacional
de la Industria Editorial No 2961

Traducción: Ivonne Saíd Marínez
Diseño de portada: Trilce Romero
Formación tipográfica: Armando Hernández
Supervisor de producción: Silvia Morales Torres

25

Contenido

56

60

Introducción

Los pudines son la cereza del pastel, como dice el refrán. Es un hecho que convierten en especiales todas las comidas, sin importar que la ocasión sea una cena familiar o una celebración especial. Este compendio de platillos dulces incluye los favoritos de siempre, así como muchas opciones nuevas y emocionantes para concluir la cena. Todos están diseñados para ser el último plato que la familia espera con más ansiedad.

Aun con el ajetreado estilo de vida actual, no es necesario eliminar el postre de la comida diaria cuando tienes estas delicias fáciles y económicas para escoger. Una vez que las frutas de verano estén maduras, regálale a tu familia postres horneados llenos de las embriagadoras fragancias y sabores de la fruta fresca; o decídete por un sorbete o un helado de sabores sofisticados, pero tan fáciles de hacer que parecen cosa de niños.

A la primera señal de que llegó el invierno, convierte tus ideas en calientes, placenteros y humeantes pudines, pays calientes, pasteles y natillas. Es un hecho que le levantarán el ánimo a la familia en esas noches frías.

Y cuando llega la hora de que la fiesta resplandezca, escoge entre nuestras tentaciones irresistibles para deleitar a tus invitados. No importa cuál sea tu preferencia, dulce y con especias, rellenos de fruta, congelados o flameados, seguro encontrarás el final perfecto.

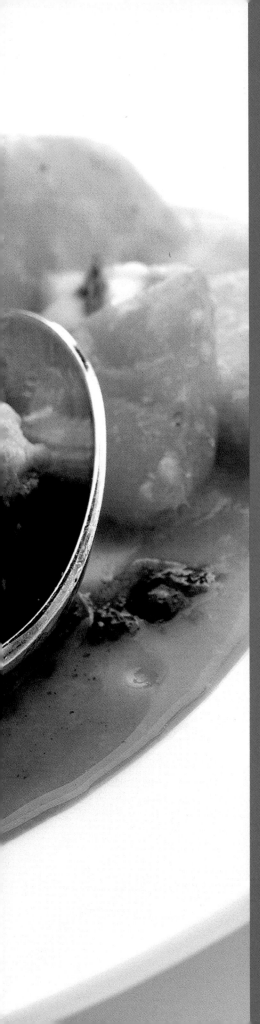

Postres sencillos

Manzanas, higos, mangos, chabacanos, fresas, duraznos o plátanos, podrás convertir todo lo que tengas en casa en algo especial en un abrir y cerrar de ojos. ¿Visitas inesperadas? Consiéntelas al instante con brûleé, postres de crema y frutas, buñuelos, profiteroles, tartas o el pay de manzana más fácil. Aunque son fáciles de hacer, estos postres provocarán emoción y deleite en aquellas personas que tengan la suerte de disfrutarlos.

Ensalada oriental de frutas

Tiempo de preparación: 30 minutos + 20 minutos para enfriar + 30 minutos para refrigerar
Tiempo de cocción: 5 minutos **Calorías:** 136 **Grasa:** 0

3 tallos de limoncillo
55g de azúcar refinada
1 melón chico
1 mango
1 lata de 400g de lichis, escurridos
hojas de menta frescas, para adornar

1 Quítale las capas exteriores a los tallos de limoncillo, pica finamente las partes inferiores bulbosas de color blanco y tira las partes fibrosas. En una olla, coloca el limoncillo, el azúcar y 85 ml de agua. Hierve a fuego lento, sin dejar de revolver, durante 5 minutos, o hasta que se disuelva el azúcar, y entonces deja que suelte el hervor. Retira de la estufa y deja enfriar. Refrigera durante 30 minutos.

2 Parte el melón a la mitad y quítale las semillas, corta en rebanadas, pélalo y pica la carne en trozos chicos. Rebana las dos partes carnosas del mango, cerca del hueso, márcalas con cortes en forma de cruz, sólo la carne, no la cáscara, empuja ésta hacia fuera para que los cubos de carne queden expuestos y córtalos.

3 Coloca el melón, el mango y los lichis en tazones individuales. Cuela el jarabe de limoncillo y vierte sobre la fruta. Decora con la menta.

Porciones: 4

Nota: Cubre las jugosas rebanadas de mango con mascarpone, yogurt cremoso, y una ligera cubierta de delicioso caramelo. ¿Puedes resistirte a esta exquisita combinación?

Duraznos asados con fromage frais

Tiempo de preparación: 5 minutos **Tiempo de cocción:** 7 minutos **Calorías:** 164 **Grasa:** 6 g

6 duraznos maduros
55g de galletas amaretti, machacadas
200g de fromage frais, bajo en grasa
1 cucharada de azúcar glas

1 Corta los duraznos a la mitad de arriba hacia abajo; con ambas manos, gira para zafar la carne del hueso. Con cuidado, retira el hueso con la punta de un cuchillo.

2 Coloca las mitades de durazno, con la carne hacia arriba, en un refractario llano. Divide las galletas entre los duraznos y sirve una cucharada grande y copeteada de fromage frais.

3 Precalienta la parrilla a fuego medio. Asa los duraznos durante 5 minutos, o hasta que se doren ligeramente, después espolvorea con un poco de azúcar. Sube el calor y asa durante otros 2 minutos, o hasta que el azúcar se dore ligeramente.

Porciones: 4

Nota: El fromage frais es un queso crema de fresa que puedes adquirir en tu tienda delicatessen favorita o en el supermercado.

Brioches calientes de chabacano

Tiempo de preparación: 10 minutos **Tiempo de cocción:** 8 minutos **Calorías:** 226 **Grasa:** 6 g

4 brioches individuales

6 chabacanos frescos, en mitades y sin hueso, o

12 mitades de chabacanos enlatados, escurridos

½ taza de mermelada o jalea de chabacano

1 cucharada de jugo de naranja

4 bolas chicas de helado de vainilla

1 Precalienta el horno. Quítale la tapa a los brioches y reserva; con cuidado, saca el centro y tira. Coloca tres mitades de chabacano en el centro de cada pan.

2 Pon los brioches y sus tapas en una charola y hornea durante 8 minutos, o hasta que se calienten y estén ligeramente crujientes. Mientras, calienta la mermelada o la jalea en una olla con el jugo de naranja, sin dejar de revolver, hasta que se funda.

3 Coloca un brioche en cada plato y sirve una bola de helado. Baña con la mermelada fundida y ponles las tapas.

Porciones: 4

Temperatura del horno 180° C, 350° F, Gas 4

Manzanas glaseadas en canastas de dulce con brandy

Tiempo de preparación: 10 minutos **Tiempo de cocción:** 5 minutos **Calorías:** 217 **Grasa:** 14 g

2 manzanas grandes, peladas, descorazonadas y en rebanadas gruesas

30g de mantequilla

1 cucharada de azúcar refinada

2 cucharadas de brandy o Calvados (aguardiente de manzana), opcional

2 cucharadas de crema de limón

½ taza de crème fraîche (nata)

6 canastas de dulce con brandy

ralladura fina de limón, rallada con el pelador de verdura, para decorar

1 Coloca las manzanas en una olla con la mantequilla, el azúcar y el brandy o el Calvados, en su caso. Hierve a fuego lento durante 5 minutos, o hasta que se suavicen las manzanas.

2 Revuelve la crema de limón y la crème fraîche, y divide entre las canastas de dulce. Sirve la mezcla de manzana, decora con la ralladura de limón y sirve de inmediato.

Porciones: 6

Higos con miel y mascarpone

Tiempo de preparación: 10 minutos **Tiempo de cocción:** 10 minutos **Calorías:** 228 **Grasa:** 15 g

12-16 higos frescos, según el tamaño
2 cucharadas de miel
1 cucharada de piñones
85g de mascarpone

1 Precalienta el horno. Corta los higos en cruz donde está el tallo y ábrelos ligeramente. Coloca todos los higos juntos en un refractario para que se mantengan erguidos.

2 Vierte la miel dentro y alrededor de los higos, hornea durante 10 minutos, hasta que se suavicen. Mientras, coloca una sartén a fuego medio y fríe en seco los piñones durante 2 minutos, revolviendo de vez en cuando, hasta que se doren.

3 Coloca 3-4 higos en platos individuales, esparce los piñones a su alrededor y sirve acompañados de una cucharada de mascarpone.

Porciones: 4

Temperatura del horno 180° C, 350° F, Gas 4

Postre de durazno y avellanas

Tiempo de preparación: 10 minutos **Tiempo de cocción:** 40 minutos **Calorías:** 424 **Grasa:** 24 g

3 latas de 400g de mitades de durazno en jugo natural, escurridas, reserva 200ml del jugo

3 piezas de jengibre en almíbar, escurridas y finamente picadas

85g de harina

85g de avellanas, tostadas y picadas

5 cucharadas de azúcar mascabado

1 cucharadita de canela en polvo

85g de mantequilla, en cubos

1 Precalienta el horno. Coloca los duraznos, con la parte cortada hacia arriba, en un refractario de 30 x 25 cm. Espolvorea con el jengibre. En una olla, hierve el jugo que reservaste durante 5 minutos, o hasta que se reduzca una tercera parte. Vierte sobre los duraznos.

2 En un tazón grande, revuelve el harina, las avellanas, el azúcar y la canela. Con la punta de los dedos, frota hasta que la mezcla tenga consistencia de migajas finas. Esparce sobre la fruta y hornea durante 30-35 minutos, hasta que se dore.

Porciones: 6

Temperatura del horno 200° C, 400° F, Gas 6

Brûlée de fresa

Tiempo de preparación: 15 minutos + 2 horas para refrigerar
Tiempo de cocción: 3 minutos **Calorías:** 236 **Grasa:** 11 g

85g de galletas amaretti, machacadas, o 2 bizcochos, a la mitad

3 cucharadas de Madeira, licor de cereza o Kirsch

85ml de crema para batir, o doble crema

85ml de natilla, ya preparada

85g de fresas, sin tallo y en mitades

3 cucharadas de azúcar sin refinar

1 Divide las galletas o el bizcocho en 4 potecitos individuales de 150 ml y baña con el licor de cereza.

2 Bate la crema a punto de nieve, incorpora la natilla y las fresas. Divide la mezcla de crema entre los recipientes, alisa la superficie y sirve una capa gruesa de azúcar.

3 Mientras, precalienta la parrilla a temperatura alta. Coloca los potecitos bajo la parrilla durante 2-3 minutos, hasta que se caramelice el azúcar. Deja enfriar y después refrigera durante 2 horas antes de servir.

Porciones: 4

Temperatura del horno 190° C, 375° F, Gas 5

13

Tarta de plátano con pasta filo

Tiempo de preparación: 20 minutos **Tiempo de cocción:** 15 minutos **Calorías:** 280 **Grasa:** 11 g

6 hojas grandes de pasta filo, descongelada, cortadas con una medida de 25 x 30 cm

55g de mantequilla sin sal, fundida

3 plátanos grandes, rebanados

4 higos secos, rebanados

30g de azúcar refinada

1 pizca de especia de manzana, en polvo

1 limón, la ralladura

1 cucharada de ron oscuro

1. Precalienta el horno. Coloca una charola del horno en la repisa superior para que se caliente.

2. Barniza con mantequilla una hoja de pasta filo. Cubre con una segunda hoja y barniza con mantequilla. Repite el procedimiento con el resto de las hojas, hasta que las hayas usado todas, y después coloca en una hoja de papel encerado fría.

3. Coloca las rebanadas de plátano y de higo sobre las hojas de pasta, espolvorea con el azúcar, la especia de manzana y la ralladura de limón. Vierte el ron y el resto de la mantequilla. Con cuidado, pasa la tarta a la charola caliente con ayuda de una espátula, y hornea durante 15 minutos, o hasta que se dore y burbujee.

Porciones: 4

Temperatura del horno 200° C, 400° F, Gas 6

El pay de manzana más sencillo

Tiempo de preparación: 25 minutos **Tiempo de cocción:** 45 minutos **Calorías:** 592 **Grasa:** 27 g

255g de harina
125g de mantequilla, en cubos
2 cucharadas de mermelada de chabacano
500g de manzanas, peladas, descorazonadas y en rebanadas delgadas
1 cucharadita de canela, en polvo
½ cucharadita de especia de manzana
1 naranja, la ralladura
55g de azúcar mascabado
55g de pasas sultanas
azúcar glas, para espolvorear

1 Precalienta el horno. Pon el harina en un recipiente y frota con la mantequilla hasta que la mezcla tenga consistencia de migajas finas. Añade suficiente agua fría, 3-4 cucharadas aproximadamente, para formar una pasta homogénea. Amasa muy ligeramente.

2 Con el rodillo, extiende la masa y forma un círculo de 35 cm sobre una superficie ligeramente enharinada. Coloca en una charola para horno grande y unta la mermelada en el centro de la pasta. En un recipiente, mezcla las manzanas, la canela, la especia de manzana, la ralladura de naranja, el azúcar y las pasas; después sirve la mezcla en el centro de la masa. Levanta los bordes de la pasta y encierra la mezcla de manzana, oprimiendo los pliegues y dejando el centro del pay abierto.

3 Hornea durante 35-40 minutos, hasta que la masa se dore; cubre con papel aluminio si la manzana empieza a quemarse. Retira el papel aluminio, en su caso, y espolvorea con el azúcar glas antes de servir.

Porciones: 4

Temperatura del horno 190° C, 375° F, Gas 5

Tarta de higo y avellanas

Tiempo de preparación: 30 minutos **Tiempo de cocción:** 15 minutos **Calorías:** 610 **Grasa:** 41 g

55g de avellanas, tostadas y picadas
370g de pasta hojaldrada,
ya amasada
55g de mantequilla sin sal, suavizada
3 cucharadas de azúcar refinada
½ cucharadita de canela, en polvo
8 higos maduros grandes, rebanados

1 Precalienta el horno. Coloca una charola en la repisa del centro para que se caliente.

2 Muele las avellanas en el procesador de alimentos, o en el molcajete. Desenvuelve la pasta y corta un cuadrado de 23 cm. Mezcla la mantequilla, las avellanas, $2/3$ del azúcar y la canela con un tenedor para formar una pasta. Unta la pasta en el hojaldre, dejando los bordes libres.

3 Coloca los higos sobre la pasta de avellana y espolvorea con el resto del azúcar. Pasa a la charola caliente y hornea durante 15 minutos, o hasta que la pasta hojaldrada se infle y se dore.

Porciones: 4

Nota: La pasta de avellana se esparce sobre el hojaldre y encima se colocan las rebanadas de higos frescos antes de meterse al horno hasta que se dore. Es delicioso con mascarpone o crème fraîche.

Temperatura del horno 220° C, 425° F, Gas 7

Copas de doble mango y yogurt

Tiempo de preparación: 20 minutos + 2 horas para refrigerar **Calorías:** 348 **Grasa:** 22 g

145ml de crema para batir
1 lata de 400g de rebanadas de
mango en almíbar, escurridas
200g de yogurt natural
1 cucharadita de extracto de vainilla
1 mango maduro

1 Bate la crema a punto de nieve. Licua en el procesador de alimentos las rebanadas de mango hasta formar un puré espeso, u oprímelas en el colador. Mezcla el puré con el yogurt y revuelve muy bien, incorpora la crema batida y el extracto de vainilla.

2 Rebana las dos partes carnosas del mando, cerca del hueso, marca una de ellas con cortes en forma de cruz, sólo la carne, no la cáscara, empuja ésta hacia fuera para que los cubos de carne queden expuestos y córtalos. Pela la otra parte y rebana finamente.

3 Incorpora los cubos de mango a la mezcla de mango, reserva las rebanadas. Divide la mezcla entre los recipientes individuales, cubre y refrigera durante dos horas. Sirve decorados con las rebanadas de mango reservadas.

Porciones: 4

Buñuelos de plátano con ron y limón

Tiempo de preparación: 10 minutos + 30 minutos para marinar
Tiempo de cocción: 15 minutos **Calorías:** 328 **Grasa:** 18 g

4 plátanos
1 limón, el jugo
2 cucharaditas de azúcar refinada
1 cucharada de ron oscuro
aceite, para freír

Masa

125g de harina
¼ de cucharadita de polvo
para hornear
1 pizca de sal
145ml de agua
2 cucharadas de semillas de ajonjolí

1 Pela los plátanos y pártelos a la mitad, y luego a la mitad a lo largo, para hacer cuartos. Coloca los cuartos de plátano, el jugo de limón, el azúcar y el ron en un recipiente de vidrio hondo. Cubre y reserva durante 30 minutos, para que se marinen.

2 Mientras, prepara la masa. En un tazón, pon la sal y el harina, incorpora 145ml de agua y bate para formar una masa homogénea y gruesa. Agrega las semillas de ajonjolí y reserva.

3 Calienta 5 cm de aceite en un wok o en una sartén grande hasta que esté muy caliente. Baña muy bien los trozos de plátano en la masa, fríe durante 5 minutos, o hasta que doren bien; voltea y fríe 2 minutos para que se doren del otro lado. Se fríen en tandas. Escurre en toallas de papel absorbente.

Porciones: 4

Nota: Estos buñuelos calientes de plátano son deliciosos solos, pero si los sirves acompañados de una bola de helado de vainilla, se vuelven totalmente irresistibles.

Galletas cantuccini y trifle de frutas

Tiempo de preparación: 15 minutos + 10 minutos para reposar **Calorías:** 731 **Grasa:** 48 g

200g de galletas cantuccini o biscotti

3 cucharadas de expreso u otro café fuerte y de buena calidad, frío

2 cucharadas de brandy

1 cucharada de azúcar refinada

125g de fresas, sin tallo y en cuartos

125g de uvas sin semilla, en mitades

2 plátanos chicos, rebanados y pasados por jugo de limón

30g de chocolate semidulce, rallado

1¾ taza de crema para batir

1 Coloca las galletas en una bolsa de plástico, sella y machaca con el rodillo. Pon la mitad de las galletas machacadas en un plato llano, añade el café, el brandy y el azúcar, y reserva durante 10 minutos para que el líquido remoje las galletas.

2 Sirve la fruta sobre las galletas remojadas y espolvorea con la mitad del chocolate.

3 Bate la crema sin que pierda su forma, sirve en la fruta y el chocolate. Cubre con el resto de las galletas machacadas y del chocolate.

Porciones: 4

Nota: Prepara el café con anticipación y déjalo enfriar. Este delicioso postre puede servirse inmediatamente, pero adquiere mejor sabor si se refrigera; así que de ser posible prepáralo con antelación.

Frutas de verano y otoño

¿Qué mejor manera de celebrar el cambio de estaciones que con los evocadores sabores de los obsequios de la naturaleza? Frambuesa, pasa de Corinto, arándano, manzana, pera, ruibarbo y hasta maracuyá, resultan experiencias fructíferas en la cocina, sobre todo cuando se combinan con nueces, avena, jaleas y canela. Desde pudines, trenzas y suflés hasta natillas, pays, crepas y polvorones, es época de cosechar tu porción de sensaciones de la estación.

Ensalada de tres moras en trenzas de hojaldre

Tiempo de preparación: 20 minutos + 1 hora para refrigerar
Tiempo de cocción: 10 minutos **Calorías:** 305 **Grasa:** 11 g

500g de mezcla de fresas, moras y frambuesas frescas

3 cucharadas de azúcar refinada

³/₅ de taza de vino tinto o rosado

Trenzas de hojaldre

mantequilla, para engrasar

170g de pasta hojaldrada, ya estirada, descongelada en caso de que estuviera congelada

2 cucharadas de azúcar refinada

1 cucharadita de canela, en polvo

1 Parte las fresas a la mitad. Coloca todas las frutas en un tazón y báñalas con el azúcar. Incorpora el vino y revuelve muy bien. Tapa y refrigera durante 1 hora para que se desarrollen los sabores.

2 Precalienta el horno. Engrasa ligeramente una charola para horno. Para hacer las trenzas, coloca la pasta en una superficie enharinada y esparce media cucharada de azúcar y media cucharadita de canela. Extiende ligeramente con el rodillo y dobla a la mitad, después esparce otra media cucharada de azúcar y el resto de la canela. Corta en tiras de 2.5 cm de ancho y entrelázalas con cuidado.

3 Coloca las trenzas en la charola y espolvorea con el resto del azúcar. Hornea durante 10 minutos, o hasta que se doren. Sirve con la ensalada de frutas.

Porciones: 4

Temperatura del horno 220° C, 425° F, Gas 7

Postre cremoso de frambuesa

Tiempo de preparación: 10 minutos + 2-3 horas para refrigerar **Calorías:** 215 **Grasa:** 20 g

350g de frambuesas frescas

55g de azúcar refinada

1 envase de 200ml de crème fraîche (nata)

1 Reserva unas cuantas frambuesas para decorar, y el resto revuélvelas con la mitad del azúcar y exprime la mezcla en el colador. Incorpora el resto del azúcar al gusto.

2 En un tazón grande, coloca la crème fraîche y con cuidado incorpora el puré de frambuesa hasta que se revuelva. Sirve en tazas para café o en vasos chicos y refrigera durante 2-3 horas para que se endurezca un poco. Sirve decorado con las frambuesas que reservaste.

Porciones: 4

Nota: Este postre es muy fácil de hacer, pero es especial y puede servirse en cualquier cena. No adornes con las frambuesas con mucho tiempo de anticipación porque se hunden.

Pudín de verano con salsa de grosella roja

Tiempo de preparación: 20 minutos + 2-3 horas para refrigerar
Tiempo de cocción: 8 minutos **Calorías:** 177 **Grasa:** 0

1kg de mezcla de moras frescas, o congeladas

3 cucharadas de azúcar refinada

8 rebanadas de pan blanco o integral, sin corteza

2 cucharadas de mermelada de grosella roja

1   En una olla, coloca la fruta, el azúcar y 3 cucharadas de agua; hierve a fuego lento durante 5 minutos, o hasta que la fruta esté suave. Deja enfriar un poco.

2   Forra la base y los costados de una pudinera de 900 ml con seis de las rebanadas de pan, córtalas para que quepan bien y no queden huecos. Cuela la fruta, reserva el jugo y sirve la fruta en la pudinera. Cubre con el resto del pan para formar una tapadera. Baña con 3-4 cucharadas del jugo que reservaste.

3   Coloca un plato sobre el pan con un peso encima, como una lata grande. Mete al refrigerador durante 2-3 horas para que los jugos humedezcan el pan.

4   Para preparar la salsa, cuela el jugo que reservaste en una olla y después añade la mermelada de grosella. Hierve a fuego lento durante 2-3 minutos, revolviendo, hasta que se funda la mermelada. Desmolda el pudín en un plato y sirve con la salsa de grosella.

Porciones: 6

Nota: Éste es el pudín favorito de mucha gente. Es sano y fácil de preparar; sin embargo, no sabe igual si no le pones cuando menos una cucharada de crema batida.

Postre de arándano y manzana con avena

Tiempo de preparación: 15 minutos **Tiempo de cocción:** 45 minutos **Calorías:** 360 **Grasa:** 15 g

75g de harina integral
55g de avena molida
30g de almendras, molidas
55g de margarina
55g de azúcar mascabado
1 cucharadita de canela, en polvo
3 manzanas, peladas, descorazonadas
y en rebanadas delgadas
225g de arándanos frescos
2 cucharadas de jugo de manzana
sin endulzar
1 cucharada de miel

1 Precalienta el horno. En un recipiente, coloca el harina, la avena y las almendras, y revuelve. Frota ligeramente con la margarina, hasta que la mezcla tenga consistencia de migajas. Incorpora el azúcar y la canela.

2 Coloca las manzanas y los arándanos en un refractario de 16 x 23 cm. Mezcla el jugo de manzana con la miel; baña las manzanas y los arándanos y revuelve con cuidado.

3 Sirve la mezcla de migajas sobre la fruta hasta que quede completamente cubierta. Hornea durante 40-45 minutos, hasta que esté bien dorado.

Porciones: 4

Nota: En este postre crujiente y lleno de fruta, puedes sustituir los arándanos con frambuesas o rebanadas de durazno.

Temperatura del horno 180° C, 350° F, Gas 4

Tartaletas de fresa y crema

Tiempo de preparación: 25 minutos + 15 minutos para refrigerar + 15 minutos para enfriar
Tiempo de cocción: 20 minutos **Calorías:** 549 **Grasa:** 38 g

145g de harina
1 cucharada de azúcar refinada
azúcar glas, para espolvorear
100g de mantequilla sin sal, suavizada
1 limón chico, la ralladura
y 1 cucharadita del jugo
145ml de crema para batir,
o doble crema
225g de fresas, en mitades
4 cucharadas de mermelada de
frambuesa o de grosella, para glasear

1 Precalienta el horno. En un recipiente, pon el harina y el azúcar. Frota con la mantequilla y el jugo de limón, y amasa ligeramente hasta que la mezcla forme una masa homogénea. Envuelve en plástico adherente y refrigera durante 15 minutos.

2 En una superficie ligeramente enharinada, extiende la masa en una capa gruesa, divídela en cuatro y úsala para forrar moldes de tartaleta de 4 x 7.5 cm. Cubre con papel encerado y unos cuantos frijoles encima, hornea durante 15 minutos. Retira el papel y los frijoles y hornea otros 3-5 minutos, hasta que la pasta se dore. Deja enfriar durante 15 minutos y después saca de los moldes.

3 Bate la crema con la ralladura de limón a punto de nieve. Sirve en las tartaletas y encima pon las fresas. Funde la mermelada que hayas elegido a fuego bajo con 1 cucharada de agua, cuela y deja enfriar un poco. Baña las fresas y espolvorea con azúcar glas.

Porciones: 4

Temperatura del horno 190° C, 375° F, Gas 5

Suflés de grosella negra y limón

Tiempo de preparación: 20 minutos **Tiempo de cocción:** 35 minutos **Calorías:** 233 **Grasa:** 18 g

170g de grosellas negras
100g de azúcar refinada
1 cucharada de licor de cassis
55g de mantequilla, suavizada
mantequilla adicional, para engrasar
1 limón, el jugo y la ralladura
3 huevos medianos, separadas
las claras de las yemas
100g de queso crema
azúcar glas, para espolvorear

1 Precalienta el horno. En una olla chica, coloca las grosellas negras con la mitad del azúcar y cocina durante 3 minutos, o hasta que empiecen a separarse. Incorpora el licor de cassis y reserva. Engrasa ligeramente con mantequilla cuatro moldes para suflé de 145 ml.

2 Bate la mantequilla con el resto del azúcar hasta que esté pálida y cremosa. Incorpora, sin dejar de batir, la ralladura y el jugo de limón, las yemas de huevo y el queso crema. Bate las claras a punto de turrón; es más fácil hacerlo con la batidora eléctrica. Con cuidado, incorpora una cucharada copeteada de claras a la mezcla de queso crema para aflojarla, después incorpora el resto.

3 Divide la mezcla de grosellas en los moldes y cubre con la mezcla de queso crema. Hornea durante 30 minutos, o hasta que se levante y endurezca. Espolvorea los suflés con azúcar glas y sirve de inmediato.

Porciones: 4

Nota: Bajo este suflé de limón, se oculta una capa de jugosas grosellas negras. La fruta se calienta mucho, así que avisa a todos que tengan cuidado y no se quemen la boca.

Temperatura del horno 190° C, 375° F, Gas 5

Paquetitos de pasta filo rellenos de moras rojas y natilla

Tiempo de preparación: 15 minutos **Tiempo de cocción:** 10 minutos **Calorías:** 354 **Grasa:** 7 g

8 hojas grandes de pasta filo fresca, a la mitad

30g de mantequilla, fundida

mantequilla adicional, para engrasar

55g de moras frescas

55g de frambuesas frescas

moras y frambuesas adicionales, para decorar

½ cucharada de azúcar mascabado

4 cucharadas de natilla, ya preparada

azúcar glas, para espolvorear

Salsa de fruta

55g de moras frescas

55g de frambuesas frescas

1 cucharada de azúcar refinada

1 Precalienta el horno. Engrasa ligeramente una charola para horno. Barniza con mantequilla fundida 3 medias hojas de pasta, y colócalas una encima de la otra, con las partes con mantequilla hacia arriba y encima la que no está engrasada. Repite el procedimiento con el resto de las hojas de pasta para formar cuatro envolturas para los paquetitos.

2 Revuelve las moras y las frambuesas con el azúcar mascabado. Sirve 1 cucharada de natilla en cada paquetito y barniza las orillas con mantequilla. Encima de la natilla sirve un poco de la mezcla de fruta y une los bordes de la pasta, aprieta para sellar. Coloca en la charola, barniza con el resto de la mantequilla y hornea durante 7-10 minutos, hasta que se doren.

3 Para preparar la salsa de fruta, exprime la fruta en el colador e incorpora azúcar al gusto. Pon los paquetitos en platos y alrededor sirve la salsa, decora con moras o frambuesas y espolvorea con azúcar glas.

Porciones: 4

Nota: Estos paquetitos dorados tienen una fabulosa variedad de texturas, crujiente pasta filo, suave fruta y cremosa natilla. Si deseas, añade una cuchara de yogurt natural.

Temperatura del horno 220° C, 425° F, Gas 7

Cranachan con frambuesas

Tiempo de preparación: 15 minutos **Tiempo de cocción:** 15 minutos **Calorías:** 495 **Grasa:** 26 g

30g de mantequilla
40g de azúcar mascabado
115g de hojuelas de avena
200g de queso ricotta
145ml de crema para batir
1-2 cucharadas de miel
miel adicional, para bañar, opcional
1-2 cucharadas de whisky
250g de frambuesas
2 cucharadas de azúcar glas

1 Precalienta el horno. En un sartén chico, funde la mantequilla y el azúcar a fuego bajo, después agrega las hojuelas de avena y revuelve bien. Sirve en una charola para horno y esparce. Hornea durante 15 minutos, revuelve a la mitad del proceso, hasta que se dore ligeramente. Cambia a un plato y deja enfriar mientras preparas la mezcla de crema.

2 Bate el queso ricotta hasta que quede homogéneo. Bate la crema a punto de nieve, incorpora el ricotta con 1-2 cucharadas de miel y whisky al gusto. Reboza las frambuesas en el azúcar glas.

3 Sirve la mezcla de ricotta en tazones individuales, cubre con las hojuelas de avena y termina con las frambuesas. Baña con un poco de miel, si deseas.

Porciones: 4

Temperatura del horno 160° C, 325° F, Gas 3

Natillas al horno de maracuyá

Tiempo de preparación: 10 minutos **Tiempo de cocción:** 40 minutos **Calorías:** 226 **Grasa:** 14 g

4 huevos grandes, batidos
4 cucharadas de azúcar refinada
145ml de leche de coco
1 pizca de sal
2 maracuyás

1 Precalienta el horno. Bate los huevos, el azúcar, la leche de coco y la sal hasta que obtengas una mezcla homogénea, después sirve en cuatro tazones individuales chicos.

2 Parte a la mitad un maracuyá, sácale la pulpa y las semillas y divide entre los cuatro tazones de natilla. Colócalos en una charola para rostizar.

3 Vierte agua hirviendo en la charola hasta que cubra tres cuartas partes de la altura de los tazones. Hornea durante 40 minutos. Sirve frías o calientes con la pulpa y las semillas del maracuyá que sobró.

Porciones: 4

Nota: Este cremoso postre es una delicia total. El maracuyá le da a la natilla una dulzura distintiva y las semillas le añaden textura, pero si prefieres puedes usar mango.

Temperatura del horno 180° C, 350° F, Gas 4

Postre de ruibarbo y fresas

Tiempo de preparación: 15 minutos **Tiempo de cocción:** 45 minutos **Calorías:** 583 **Grasa:** 34 g

500g de ruibarbo, en trozos
250g de fresas, sin tallo y en mitades
55g de azúcar morena

Cubierta
145g de harina
1 pizca de sal
55g de azúcar refinada
75g de mantequilla sin sal, en cubos
75g de almendras, molidas
55g de almendras fileteadas
o en hojuelas

1 Precalienta el horno. Revuelve el ruibarbo, las fresas y el azúcar. Pasa a un refractario de 20 x 30 cm.

2 Para preparar la cubierta, en un tazón cierne primero el harina y la sal, después el azúcar. Con la punta de los dedos, frota la mezcla con la mantequilla hasta que tenga consistencia de migajas finas. Incorpora las almendras molidas y las fileteadas, sirve la mezcla sobre la fruta.

3 Hornea durante 40-45 minutos, hasta que los jugos de la fruta burbujeen y la cubierta esté ligeramente dorada.

Porciones: 4

Nota: Las almendras le dan a este postre una mayor consistencia. Puede comerse frío o caliente, con un poco de crema batida ligeramente, yogurt natural o mucha natilla.

Temperatura del horno 180° C, 350° F, Gas 4

Crepas de avellana con fresas

Tiempo de preparación: 10 minutos **Tiempo de cocción:** 1 hora **Calorías:** 503 **Grasa:** 33 g

4 huevos medianos
½ taza de leche semidescremada
4 cucharadas de miel o azúcar
100g de avellanas, tostadas y picadas
100g de harina
1 cucharadita de polvo para hornear
1 cucharadita de canela, en polvo
1 pizca de sal
4 cucharadas de mantequilla, fundida

Acompañamiento
170ml de miel de maple
125g de crema cuajada
fresas, para adornar

1 Bate los huevos con la leche y la miel o azúcar, hasta que tengas una masa ligera y esponjada. Poco a poco, añade las avellanas, el harina, el polvo para hornear, la canela y la sal; después bate hasta que obtengas una masa homogénea.

2 Calienta una sartén chica, barniza con media cucharadita de la mantequilla fundida. Sirve 2 cucharadas de la masa, y rápido inclina la sartén para cubrir la base. Fríe durante 1-2 minutos, hasta que se dore, voltea y fríe un minuto más, o hasta que se dore. Repite el procedimiento hasta que hayas usado toda la masa, aproximadamente 18 crepas, engrasa la sartén conforme sea necesario.

3 Baña las crepas con miel de maple y sirve con nata y fresas.

Porciones: 6

Nota: Estas crepas de avellana son deliciosas, tienes que comértelas en cuanto estén listas. Si no consigues fresas, acompáñalas con rebanadas de plátano.

Bizcocho de peras, frambuesas y almendras

Tiempo de preparación: 15 minutos **Tiempo de cocción:** 55 minutos **Calorías:** 439 **Grasa:** 31 g

⁴/₅ de taza de vino blanco seco o ligeramente dulce

2-3 tiras de ralladura de limón, rallada con un pelador de papas

1 limón, el jugo

2 cucharadas de miel o azúcar

4 clavos enteros

4 peras maduras grandes, peladas, descorazonadas y en cuartos

100g de mantequilla, suavizada

55g de azúcar refinada

½ naranja, la ralladura

3 huevos, ligeramente batidos

145g de almendras, molidas

2 cucharaditas de agua de azahar o extracto de vainilla, opcional

1 envase de 115g de frambuesas, frescas

azúcar glas cernida, para espolvorear

1 Precalienta el horno. En una olla, coloca el vino, la ralladura y el jugo de limón, la miel o el azúcar y los clavos. Deja que suelte el hervor; hierve a fuego lento, destapado, durante 5 minutos o hasta que se reduzca ligeramente. Agrega las peras, tapa y cuece durante 5 minutos, o hasta que estén tiernas. Pasa las peras a un plato, escurre y deja enfriar. Cuela el líquido de la cocción, desecha la ralladura y los clavos, y reserva.

2 Bate la mantequilla, el azúcar refinada y la ralladura de naranja hasta que la mezcla esté ligera y esponjada, es más fácil si lo haces con la batidora eléctrica. Añade poco a poco los huevos, las almendras, el agua de azahar o el extracto de vainilla, en su caso, y baste hasta que quede una mezcla homogénea.

3 Acomoda las peras en un molde de tartaleta de 25 cm, esparce la mitad de las frambuesas y cubre con la mezcla de huevo, alisa la superficie con el dorso de una cuchara. Hornea durante 25-30 minutos, o hasta que esté firme al tacto.

4 Mientras, pon el líquido que reservaste en una olla chica y deja que suelte el hervor. Hierve durante 5 minutos, o hasta que se reduzca a 3 cucharadas. Aumenta la temperatura del horno a 230° C, 450° F, Gas 8. Baña el pan con el líquido y hornea otros 5 minutos, o hasta que se dore. Deja enfriar un poco, después decora con el resto de las frambuesas y espolvorea con azúcar glas.

Porciones: 6

Nota: Este bizcocho es irresistible si se acompaña con nata. También puedes hacerlo con peras enlatadas, que no necesitan cocerse. Reserva el almíbar para bañar el bizcocho.

Temperatura del horno 180° C, 350° F, Gas 4

Pay de plátano y moras rojas

Tiempo de preparación: 30 minutos + 30 minutos para refrigerar
Tiempo de cocción: 55 minutos **Calorías:** 573 **Grasa:** 33 g

12 nueces pecanas, en trozos grandes
340g de harina, cernida
1½ cucharaditas de polvo
para hornear
200g de mantequilla fría, en cubos
mantequilla adicional, para engrasar
4 plátanos maduros
4 cucharadas de azúcar
sin refinar
125g de frambuesas
4 cucharadas de grosella roja o negra

1 Muele finamente las nueces en el procesador de alimentos, o en el molcajete. En un tazón, pon una cucharada de las nueces molidas y toda el harina; frota con los dedos con la mantequilla, hasta que la pasta tenga consistencia de migajas finas.

2 Retira y reserva un cuarto de la mezcla para la cubierta. Agrega 4-5 cucharadas de agua fría al resto de la pasta y revuelve hasta formar una masa firme. Cubre y refrigera durante 30 minutos.

3 Precalienta el horno. Engrasa un molde redondo. Con el rodillo, extiende la masa en una superficie ligeramente enharinada, y con ella forra el molde. Cubre la pasta con papel encerado y rellena con frijoles. Hornea durante 15 minutos. Retira el papel y los frijoles y hornea 5 minutos más, hasta que se dore.

4 En un tazón, pon el plátano rebanado, la mitad del azúcar y el resto de la fruta. Sirve en la pasta que está en el molde. Revuelve la mezcla del harina reservada con el resto del azúcar y de las nueces molidas, y esparce sobre la fruta. Hornea durante 15 minutos, baja la temperatura del horno a 180° C/350° F/ Gas 4 y hornea durante otros 15-20 minutos, hasta que se dore la cubierta. Deja enfriar unos minutos antes de servir.

Porciones: 6

Nota: Este pay de nuez con crujiente cubierta es el contraste perfecto de las suaves moras y el plátano. Una cucharada copeteada de yogurt natural cremoso hace que sepa mejor.

Temperatura del horno 190° C, 375° F, Gas 5

Polvorones de nuez con fresas

Tiempo de preparación: 30 minutos + 20 minutos para refrigerar
Tiempo de cocción: 10-12 minutos **Calorías:** 715 **Grasa:** 53 g

Polvorones
30g de nueces de Brasil
55g de azúcar morena
125g de harina
75g de mantequilla, suavizada
2 yemas de huevo, medianas

Relleno
1 cucharadita de ralladura de naranja
ralladura adicional, para decorar
250g de crema extra espesa
250g de fresas, sin tallo
y en rebanadas
4 cucharadas de mermelada de fresa

1 Coloca la nueces y el azúcar en el procesador de alimentos y licua hasta que estén finas. Agrega el harina y la mantequilla, licua hasta que la mezcla tenga consistencia de migajas finas. Añade las yemas de huevo y pulsa hasta que la mezcla forme una masa suave, ten cuidado de no procesar en exceso. Amasa la pasta y forma una pelota, envuelve en plástico adherente y refrigera durante 20 minutos.

2 Precalienta el horno. En una superficie ligeramente enharinada extiende la masa con un espesor de medio centímetro y con un molde de galletas redondo, corta círculos de 8 x 7.5 cm, vuelve a amasar cuantas veces sea necesario. Coloca los círculos en una charola para horno engrasada y hornea durante 10-12 minutos, hasta que doren ligeramente. Deja enfriar en una rejilla.

3 Para preparar el relleno, revuelve la ralladura de naranja con la crema. Coloca una pequeña cantidad de crema en el polvorón, cubre con fresas, otro polvorón, más crema y más fresas. En una olla chica, calienta la mermelada y baña las fresas con ella. Decora con ralladura de naranja. Repite el procedimiento con el resto de los polvorones.

Porciones: 4

Nota: Las fresas quedan en el centro con la crema entre polvorones que se derriten en la boca y se sirven bañados con mermelada de fresa, es simplemente delicioso. Las fresas contienen más vitamina C que ninguna otra mora y una porción normal tiene sólo 28 calorías. Las nueces de Brasil son ricas en selenio, un poderoso antioxidante necesario para la fertilidad, y para piel y cabello sanos.

Temperatura del horno 180° C, 350° F, Gas 4

Postre crujiente de mango y avena

Tiempo de preparación: 15 minutos **Tiempo de cocción:** 4-5 minutos **Calorías:** 665 **Grasa:** 47 g

2 mangos
55g de mantequilla
30g de azúcar morena
115g de hojuelas de granola
200g de queso suave entero
200g de crème fraîche (nata)
½ limón, el jugo
4 cucharadas de miel

1 Para preparar los mangos, corta las dos partes más carnosas de los mangos, cerca del hueso. Con el cuchillo, marca la piel de cada pieza en forma de cruz para dividir en pequeños cubos, empuja la cáscara hacia arriba y corta los cubos con cuidado y ponlos en un tazón.

2 Funde la mantequilla y el azúcar en una olla y añade la granola. Cocina a fuego medio durante 4-5 minutos, sin dejar de revolver, hasta que las hojuelas se doren y tuesten ligeramente. Deja enfriar un poco.

3 En un tazón, revuelve el queso suave con la crème fraîche (nata), agrega el jugo de limón y la mitad de la miel, y mezcla bien. Sirve la granola en vasos o moldes individuales, agrega una capa de la mezcla de crema, el mango, baña con el resto de la miel y sirve de inmediato. Otra forma de prepararlo es revolver el mango y la granola con la crema y servir en vasos o moldes individuales.

Porciones: 4

Nota: Los jugosos mangos, la granola tostada y la miel se hacen resaltar entre sí en este postre cremoso y crujiente. Si no es época de mangos, usa duraznos o piñas. Se ha descubierto que la fibra soluble de la avena reduce el colesterol en la sangre y estabiliza los niveles de azúcar. Los mangos son una excelente fuente de beta-carotenos, que el cuerpo transforma en vitamina A.

Favoritos de invierno

Aquí es donde dejamos de divagar porque los pudines son para el invierno. Dorados, empalagosos, pegajosos y al vapor, sabes cómo te gustan y ahora puedes servirlos directo del horno. Aquí encontrarás tus sabores favoritos: caramelo, manzana y ciruela. También hay variaciones con cítricos y de arroz con leche que jamás imaginaste. En el invierno, hasta emigramos al sur, a la India.
¡Prepárate para viajar y disfrutar!

Pudín Eva de limón y canela

Tiempo de preparación: 20 minutos **Tiempo de cocción:** 35 minutos **Calorías:** 453 **Grasa:** 24 g

500g de manzanas, peladas, descorazonadas y picadas

100g de azúcar refinada

½ cucharadita de canela, en polvo

100g de margarina suave

1 limón, la ralladura

½ limón, el jugo

2 huevos medianos, ligeramente batidos

100g de harina, cernida con

½ cucharadita de polvo para hornear

1 Precalienta el horno. En una olla, coloca las manzanas con dos cucharadas de azúcar y una de agua. Cubre y cuece a fuego bajo durante 3-4 minutos, hasta que las manzanas comiencen a suavizar, entonces añade la canela y revuelve. Pasa a un refractario de 23 x 15 cm.

2 Bate la margarina y el resto del azúcar hasta que estén pálidas y cremosas, después añade la ralladura y el jugo de limón, los huevos y la mezcla de harina. Bate hasta que logres una consistencia suave.

3 Sirve la mezcla en las manzanas, alisa la superficie con el dorso de una cuchara, y hornea durante 25-30 minutos, hasta que se eleve bien, se dore y esté firme al tacto.

Porciones: 4

Nota: Por lo general, las recetas antiguas son las mejores. En este delicioso pudín, un bizcocho de limón cubre a las manzanas a la canela. La crema es el acompañamiento perfecto.

Temperatura del horno 180° C, 350° F, Gas 4

Pudines pegajosos de dátiles con salsa de caramelo

Tiempo de preparación: 20 minutos + 10 minutos para remojar + 5 minutos para enfriar
Tiempo de cocción: 25 minutos **Calorías:** 633 **Grasa:** 32 g

75g de mantequilla, suavizada
mantequilla adicional, para engrasar
100g de dátiles, sin hueso, picados
100g de azúcar mascabado
½ cucharadita de extracto de vainilla
2 huevos grandes
100g de harina integral
1½ cucharaditas de polvo para hornear
1 plátano muy maduro, machacado

Salsa de caramelo
85g de azúcar mascabado
55g de mantequilla
2 cucharadas de crema light

1. Precalienta el horno. Engrasa con mantequilla cuatro moldes para pudín individuales de 200 ml. Cubre los dátiles con agua hirviendo y deja remojar durante 10 minutos, para que se suavicen.

2. Bate la mantequilla, el azúcar mascabado y el extracto de vainilla hasta que estén pálidos y cremosos. Incorpora los huevos, sin dejar de batir, después el harina y el polvo para hornear. Escurre los dátiles y lícualos en el procesador de alimentos, o aplástalos con un tenedor, para hacerlos puré. Incorpora a la mezcla con el plátano.

3. Sirve la mezcla en los moldes, casi hasta llenarlos, y coloca en una charola para horno. Hornea durante 20 minutos, o hasta que se levanten y estén firmes al tacto. Deja enfriar durante 5 minutos, después desprende los pudines con un cuchillo y sirve invertidos en platos.

4. Para preparar el caramelo, en una olla coloca el azúcar mascabado, la mantequilla y la crema, calienta durante 5 minutos, o hasta que parezca miel. Vierte sobre los pudines para servir.

Porciones: 4

Nota: ¡Qué combinación: bizcocho, plátanos, dátiles y salsa de caramelo! Puedes servirlos solos o con una bola grande de vainilla.

Temperatura del horno 180° C, 350° F, Gas 4

Pudín de jengibre y pera al vapor

Tiempo de preparación: 25 minutos + 5 minutos para enfriar
Tiempo de cocción: 1 hora 30 minutos **Calorías:** 748 **Grasa:** 36 g

145g de mantequilla, suavizada
mantequilla adicional, para engrasar
145g de azúcar mascabado
1 cucharadita adicional, para cubrir
3 peras maduras, peladas
y descorazonadas, 1 picada,
2 rebanadas
3 piezas de jengibre en conserva,
picado, y 5 cucharadas del almíbar
2 huevos grandes, batidos
170g de harina
½ cucharadita de polvo para hornear
2 cucharaditas de jengibre, en polvo
30g de pan molido fresco
1 limón, la ralladura

1 Engrasa con mantequilla un molde para pudín de 1.2 litros y cubre con una cucharada de azúcar. Con cuidado, forra la base y los costados del molde con rebanadas de pera, después baña con la mitad del almíbar de jengibre.

2 Bate juntas la mantequilla y el azúcar, hasta que se forme una pasta ligera y esponjosa; poco a poco y sin dejar de batir, incorpora los huevos. Cierne juntos el harina y el jengibre molido, y añade a la mezcla de mantequilla. Agrega el pan molido, la ralladura de limón, el resto del almíbar, el jengibre en conserva y la pera picada. Sirve en el molde, hasta arriba, y cubre con una capa de dos hojas de papel encerado y dos de papel aluminio. Amarra con un hilo para que los papeles no se muevan, corta el exceso de papel encerado y papel aluminio.

3 Coloca el molde en una olla y vierte agua caliente hasta la mitad del molde. Deja que suelte el hervor, hierve a fuego lento, tapada, durante 1½ horas; agrega más agua según sea necesario. Retira el molde del agua y deja enfriar durante 5 minutos. Sirve invertido sobre un plato, golpea la base y retira el pan del molde.

Porciones: 4

Nota: Los sabores del jengibre y de la pera se combinan de maravilla en este pudín sorprendentemente ligero. Sirve con mucha natilla.

Arroz con leche y pistaches indio

Tiempo de preparación: 5 minutos **Tiempo de cocción:** 2 horas 10 minutos **Calorías:** 406 **Grasa:** 21 g

55g de arroz basmati

1³/₅ tazas de leche entera

400ml de leche evaporada, entera

mantequilla, para engrasar

3 cardamomos, sin cáscara y las semillas reservadas

1 raja de canela

55g de azúcar refinada

2 cucharadas de almendras fileteadas, asadas

30g de pistaches, pelados y en trozos grandes

1 Precalienta el horno. En una olla chica coloca el arroz, la leche y la leche evaporada; calienta a fuego lento, y no dejes que la mezcla hierva. Hierve a fuego lento, destapada, durante 10 minutos.

2 Engrasa con mantequilla un refractario. Vacía la mezcla de arroz en el refractario, agrega las semillas de cardamomo, la canela, el azúcar, las almendras y los pistaches; reserva una cucharada de pistaches para adornar. Hornea durante 2 horas, o hasta que se reduzca y espese, cada 30 minutos retira la capa que se forma en la superficie. Saca la raja de canela. Sirve caliente o frío, adornado con los pistaches que reservaste.

Porciones: 4

Nota: Hasta aquellos quienes prefieren la versión inglesa del arroz con leche, adorarán esta versión. Sazonado con las especias, las almendras y el pistache, es una manera fabulosa de terminar una comida india.

Temperatura del horno 150° C, 300° F, Gas 2

Arroz con leche y merengue de limón

Tiempo de preparación: 10 minutos + 1 hora 10 minutos para enfriar
Tiempo de cocción: 40 minutos **Calorías:** 468 **Grasa:** 21 g

75g de arroz para postre
2²/₅ tazas de leche entera
100g de azúcar refinada
2 tiras de ralladura de limón, cortada
con el pelador de verduras
145ml de crema para batir
100g de crema de limón
1 paquete de clara de huevo en polvo

1 En una olla, coloca el arroz, la leche, 15 g de azúcar y la ralladura de limón. Deja que suelte el hervor; baja la flama y hierve a fuego lento, destapado, durante 30 minutos, o hasta que esté espeso y cremoso, revolviendo de vez en cuando. Retira la ralladura de limón y reserva el arroz durante 1 hora, o hasta que esté completamente frío, revolviendo de vez en cuando.

2 Precalienta el horno. Bate la crema a punto de nieve y después incorpora el arroz. Cubre la base de un refractario de 23 x 15 cm con la crema de limón y encima esparce el arroz. Bate la clara en polvo con 55 ml de agua hasta que esponje; es más fácil hacerlo con la batidora eléctrica. Poco a poco, incorpora el resto del azúcar, hasta que esté espesa y brillante. Sirve sobre el arroz.

3 Hornea en la repisa superior del horno durante 10 minutos, o hasta que el merengue esté crujiente y bien dorado. Deja enfriar durante 10 minutos antes de servir.

Porciones: 4

Nota: El arroz con leche cremoso y crema dulce de limón se cubren con merengue crujiente. Este postre puede comerse caliente, pero es mejor servirlo frío.

Temperatura del horno 200° C, 400° F, Gas 6

Tarta de pera y almendras

Tiempo de preparación: 20 minutos + 10 minutos para refrigerar + 15 minutos para enfriar
Tiempo de cocción: 50 minutos **Calorías:** 419 **Grasa:** 26 g

2 peras grandes, firmes, peladas, descorazonadas y en rebanadas

1 cucharadita de jugo de limón

55g de azúcar refinada

200g de pasta sin azúcar, descongelada, en su caso

3-4 cucharadas de mermelada de chabacano o de ciruela

55g de margarina suave

1 huevo mediano

55g de harina

¼ de cucharadita de polvo para hornear

55g de almendras, molidas

30g de almendras fileteadas

azúcar glas, para espolvorear

1 Precalienta el horno. Reboza las peras con el jugo de limón y una cucharadita de azúcar refinada.

2 En una superficie ligeramente enharinada, amasa la pasta y forra un molde de tarta de 20 cm. Refrigera durante 10 minutos. Cubre la masa con papel encerado y una capa de frijoles, hornea durante 15 minutos. Retira el papel y los frijoles y hornea durante otros 15 minutos, o hasta que esté ligeramente dorada. Deja enfriar durante 5 minutos.

3 Cubre la pasta con mermelada y encima pon las peras. Bate la margarina y el resto del azúcar, hasta que estén pálidas y cremosas, después añade el huevo, el harina y las almendras molidas; bate hasta que adquiera una consistencia suave, que pueda verterse. Sirve sobre las peras, esparce las almendras fileteadas y hornea durante 30 minutos, o hasta que cuaje y se dore. Deja enfriar durante 10 minutos, después pasa a un platón y espolvorea con azúcar glas.

Porciones: 6

Nota: Oculta en el centro de esta sofisticada tarta se encuentra una capa de mermelada, lo que la hace más dulce y aún más deliciosa. Sirve con un poco de crema o de crème fraîche (nata).

Temperatura del horno 180° C, 350° F, Gas 4

Pastel de moras azules y naranja

Tiempo de preparación: 10 minutos + 5 minutos para enfriar
Tiempo de cocción: 40 minutos **Calorías:** 346 **Grasa:** 20 g

2 cucharadas de mantequilla, fundida
mantequilla adicional, para engrasar
200g de moras azules
3 huevos medianos
75g de azúcar glas
unas gotas de extracto de vainilla
½ naranja, la ralladura y el jugo
55g de harina, cernida
145g de crema agria
azúcar glas, para espolvorear

1 Precalienta el horno. Engrasa con mantequilla un refractario llano de 20 cm y sirve las moras azules.

2 En un tazón, coloca los huevos, el azúcar refinada, el extracto de vainilla, la ralladura y el jugo de naranja, y el harina; bate hasta obtener una pasta homogénea. Incorpora la crema agria y la mantequilla fundida, y sirve la mezcla sobre los arándanos. Hornea durante 40 minutos, o hasta que suba y cuaje. Deja enfriar durante 5 minutos, después espolvorea con azúcar glas.

Porciones: 4

Nota: Este pastel de masa ligera es mucho más fácil de hacer de lo que parece. Puedes sustituir las moras azules con muchas otras frutas, pero sabe especialmente rico con cerezas oscuras.

Temperatura del horno 190° C, 375° F, Gas 5

Tarta de ciruela con cubierta de nuez

Tiempo de preparación: 15 minutos + 10 minutos para refrigerar + 5 minutos para enfriar
Tiempo de cocción: 35 minutos **Calorías:** 296 **Grasa:** 15 g

200g de pasta sin azúcar, descongelada en su caso
400g de ciruelas o ciruelas damascenas, en mitades y sin hueso
3 cucharadas de azúcar refinada
1 cucharadita de maicena
55g de nueces mixtas, picadas
2 cucharadas de azúcar sin refinar
2 cucharadas de pan molido fresco

1 Precalienta el horno. En una superficie ligeramente enharinada, amasa la pasta y forra un molde para tarta de 20 cm. Refrigera durante 10 minutos, después cubre la pasta con papel encerado y frijoles. Hornea durante 15 minutos, retira el papel y los frijoles, y hornea durante otros 5 minutos, o hasta que esté ligeramente dorada. Deja enfriar durante 5 minutos.

2 Mientras, coloca las ciruelas en una olla con 4 cucharadas de agua y el azúcar refinada. Cuece, tapadas, durante 5 minutos, o hasta que la fruta esté suave. Mezcla la maicena con una cucharada de agua. Incorpora a la fruta y cocina durante 1 minuto, o hasta que los jugos espesen ligeramente.

3 Sobre la pasta coloca las ciruelas, con la parte cortada hacia arriba y sin el jugo. Revuelve las nueces, el azúcar sin refinar y el pan molido, y esparce sobre la fruta. Hornea durante 15 minutos, o hasta que la cubierta dore.

Porciones: 6

Nota: Servida con montones de natilla, esta tarta es perfecta para una fría noche de invierno. Puedes prepararla con un día de anticipación y recalentarla, pero consérvala en el refrigerador.

Temperatura del horno 190° C, 375° F, Gas 5

Arroz con leche caramelizado con chabacanos

Tiempo de preparación: 15 minutos + 25 minutos para enfriar + 1 hora para refrigerar
Tiempo de cocción: 1 hora 30 minutos **Calorías:** 674 **Grasa:** 29 g

75g de arroz para postre
200g de azúcar glas
2 ramas de vainilla, 1 partida a la mitad a lo largo
30g de mantequilla, sin sal
$2^2/_5$ tazas de leche entera
145g de doble crema
2 tiras de ralladura de limón
1 limón, el jugo
255g de chabacanos secos
1-2 cucharadas de licor de naranja, como Cointreau

1 Pon el arroz en una olla, cubre con agua y hierve durante 5 minutos. Escurre y regresa el arroz a la olla, pon 40g de azúcar, la rama de vainilla partida, la mantequilla y la leche. Hierve a fuego lento durante 45-60 minutos, revolviendo con frecuencia, hasta que espese. Pasa a un tazón y deja enfriar durante 20 minutos. Retira la vainilla, raspa las semillas sobre el arroz y desecha la raja. Bate la crema a punto de nieve e incorpora al arroz.

2 Mientras, pon 100g del azúcar en una olla con la ralladura de limón, el resto de la vainilla y $4/_5$ de taza de agua. Calienta, revolviendo, durante 3 minutos, o hasta que el azúcar se disuelva. Añade los chabacanos y cocina durante 20 minutos, para que el almíbar se reduzca.

3 Divide los chabacanos en cuatro moldes individuales, agrega el jugo de limón, el licor y el almíbar, deja enfriar durante 5 minutos. Cubre con el arroz con leche y refrigera durante 1 hora. Precalienta la parrilla en alto. Sirve el resto del azúcar en los moldes y calienta 1-2 minutos, hasta que se caramelice el azúcar, y deja enfriar unos minutos.

Porciones: 4

Nota: Olvidarás esos horribles días de arroz aburrido cuando pruebes esta versión con chabacanos y cubierta de caramelo.

Pudín de manzana con avena dorada

Tiempo de preparación: 15 minutos **Tiempo de cocción:** 50 minutos **Calorías:** 804 **Grasa:** 37 g

145g de mantequilla

mantequilla adicional, para engrasar

680g de manzanas, peladas, descorazonadas y picadas

200g de chabacanos secos, picados

2 cucharadas de pasas

55g de azúcar

4 cucharadas de miel

1-2 cucharaditas de jengibre fresco, rallado

255g de avena entera

1 Precalienta el horno. Engrasa con mantequilla un refractario llano de 20 cm.

2 En una olla, coloca las manzanas, los chabacanos, las pasas, la mitad del azúcar y 1-2 cucharadas de agua. Tapa la olla y cuece a fuego bajo durante 10-15 minutos, revolviendo de vez en cuando, hasta que las manzanas se suavicen; después reserva.

3 En otra olla, calienta el resto del azúcar con la mantequilla, la miel y el jengibre durante 1-2 minutos, hasta que se disuelva el azúcar, e incorpora la avena. Agrega ¾ de la mezcla al refractario, con una pala de madera espárcela de manera uniforme en la base y los costados. Encima sirve la mezcla de fruta y cubre con el resto de la mezcla de avena, con el dorso de la cuchara oprime ligeramente. Hornea durante 30 minutos, o hasta que la cubierta se dore.

Porciones: 4

Nota: El jengibre fresco le da a este pudín de manzana un sabor más penetrante y acre que el jengibre seco, y es el complemento perfecto para el relleno de fruta.

Temperatura del horno 190° C, 375° F, Gas 5

Pudín de mantequilla y pan de cítricos

Tiempo de preparación: 45 minutos (incluye tiempo de reposo)
Tiempo de cocción: 40 minutos **Calorías:** 654 **Grasa:** 44 g

35g de mantequilla, suavizada
mantequilla adicional, para engrasar
1 limón, la ralladura
1 naranja, el jugo y la ralladura
6 rebanadas de pan blanco,
sin corteza
55g de pasas
1 taza de crema extra espesa,
crema adicional, para servir, opcional
4 yemas de huevo medianas
85g de azúcar morena

1 En un tazón chico, mezcla la mantequilla, la ralladura de limón, el jugo y la ralladura de naranja. Unta el pan con la mantequilla de sabor y corta cada rebanada en cuatro triángulos. Esparce las pasas en la base de un refractario llano de un litro de capacidad y coloca el pan encima.

2 Calienta la crema y deja que suelte el hervor. En un tazón, bate las yemas de huevo con el azúcar, hasta que estén pálidas. Vierte la crema y revuelve bien. Sirve la mezcla sobre el pan y deja reposar durante 20 minutos, para que el pan se remoje en el líquido.

3 Precalienta el horno. Coloca el refractario con el pudín en una fuente de horno grande. Hornea durante 30 minutos, hasta que esté crujiente, dorado de encima y ligeramente cuajado. Sirve con crema espesa extra o solo.

Porciones: 4

Nota: El pan blanco con fuerte sabor a cítricos da a este pudín tradicional para principiantes un nuevo giro, y aunque se cree que no es tan rico como con pan integral, es una buena fuente de fibra y por ley está fortificado con calcio y vitaminas B. Los cítricos son una excelente fuente de vitamina C.

Temperatura del horno 180° C, 350° F, Gas 4

Manzana envuelta al horno con caramelo

Tiempo de preparación: 30 minutos + 1 hora para refrigerar
Tiempo de cocción: 50 minutos **Calorías:** 770 **Grasa:** 50 g

500g de pasta hojaldrada o pasta sin azúcar

30g de nueces pecanas, peladas y picadas

30g de dátiles, sin hueso y finamente picados

½ cucharadita de canela, en polvo

6 manzanas, peladas

1 yema de huevo chica, batida con 2 cucharadas de leche

Salsa

85g de mantequilla

145g de azúcar mascabado

145ml de doble crema

jugo de limón

1 Para preparar la salsa, en una olla coloca la mantequilla, el azúcar y la crema; revuelve hasta que se funda la mantequilla. Hierve durante 2-3 minutos, hasta que espese, y después añade jugo de limón al gusto. Reserva.

2 En una superficie ligeramente enharinada, amasa la pasta y corta seis círculos del tamaño suficiente para envolver las manzanas. De la pasta que sobró, corta trozos en forma de hojas, para decorar. Coloca los círculos en una charola para horno.

3 Mezcla las nueces, los dátiles y la canela con seis cucharadas de las salsa. Quítale el centro a las manzanas para sacarles el corazón. Pon una manzana en cada círculo de pasta y rellénala hasta la mitad con la mezcla de nueces. Junta los bordes de la pasta para envolver la manzana, barnízalos con la mezcla de yema de huevo y apriétalos para cerrarlos; barnízalos completos con la yema de huevo y decora con las hojas de pasta. Refrigera durante 1 hora.

4 Precalienta el horno. Hornea durante 35-45 minutos, hasta que la pasta se dore y las manzanas estén tiernas. Recalienta un poco el resto de la salsa y sirve con las manzanas.

Porciones: 6

Nota: Oculta en el interior de las manzanas cubiertas hay una deliciosa mezcla de crujientes nueces pecanas y dátiles con sabor a canela.

Temperatura del horno 190° C, 375° F, Gas 5

Paraíso de chocolate

Se dice que reconocer la adicción es la mitad de la batalla. Como sea, te advertimos que todos los adictos al chocolate perderán la cabeza en cuanto vean las siguientes páginas.

Suflé de chocolate, pastel de queso con chocolate, profiteroles de chocolate, pudines de chocolate, mousse de chocolate y más. Estas recetas aparentemente sencillas están diseñadas para que vuelvas a la adicción y tu familia y amigos vuelvan a la vida. Es inútil oponer resistencia, ¿para qué desperdicias un tiempo valioso que puedes aprovechar en la cocina? ¡Disfrútalo!

Suflé caliente de chocolate

Tiempo de preparación: 20 minutos **Tiempo de cocción:** 40 minutos **Calorías:** 518 **Grasa:** 27 g

30g de mantequilla sin sal
mantequilla adicional, para engrasar
145g de chocolate semidulce,
en trozos
6 huevos grandes, separadas
las claras de las yemas
75g de azúcar refinada
2 cucharadas de maicena
1 taza de leche entera
azúcar glas, para espolvorear

1 Mete una charola al horno y precalienta. Engrasa ligeramente con mantequilla un molde para suflé de 1.5 litros de capacidad. Funde el chocolate con la mantequilla en un recipiente a baño maría.

2 En un tazón, bate las yemas de huevo y el azúcar refinada hasta que estén pálidas y esponjadas. Revuelve la maicena con 1 cucharada de leche. En una olla, calienta el resto de la leche, agrega la mezcla de maicena y deja que suelte el hervor, revolviendo. Cocina durante 1 minuto, o hasta que espese. Retira de la estufa y vierte en la mezcla de huevo con el chocolate fundido; revuelve muy bien.

3 Bate las claras de huevo a punto de turrón; es más fácil si lo haces con la batidora eléctrica. Sirve una cucharada copeteada de la yema en la mezcla de chocolate para aflojarla, después incorpora el resto. Sirve en el molde y coloca sobre la charola caliente. Hornea durante 35 minutos, o hasta que se levante bien. Espolvorea con azúcar glas y sirve de inmediato.

Porciones: 4

Nota: Este suflé es muy ligero, pero tiene un increíble sabor a chocolate. La gente siempre cree que es muy difícil hacer suflés, pero una vez que lo intentas, te sorprenderá lo sencillo que es.

Temperatura del horno 200° C, 400° F, Gas 6

Pan de chocolate y pudín de mantequilla

Tiempo de preparación: 20 minutos + 10 minutos para reposar
Tiempo de cocción: 40 minutos **Calorías:** 348 **Grasa:** 17 g

1 cucharada de mantequilla

200g de pan de frutas o pan con pasas, del día anterior, en rebanadas

2 cucharadas de crema de chocolate o de avellana, para untar

2 huevos grandes

1⅕ tazas de leche semientera

3 cucharadas de doble crema

1 cucharada de azúcar, opcional

3 gotas de extracto de vainilla

azúcar glas, para espolvorear

1 Precalienta el horno. Con un poco de mantequilla, engrasa un refractario de 23 x 15 cm.

2 Cubre un lado de cada rebanada de pan con la crema de chocolate o de avellana y corta en triángulos, si están muy grandes. Coloca el pan en el refractario, con el chocolate hacia arriba y el resto de la mantequilla.

3 Bate los huevos, incorpora la leche sin dejar de batir, la crema, el azúcar, en su caso, y el extracto de vainilla. Vierte sobre el pan y deja reposar durante 10 minutos antes de hornear. Hornea durante 35-40 minutos, hasta que esté bien levantado y ligeramente crujiente de encima. Espolvorea con azúcar glas.

Porciones: 4

Nota: Si te gusta el pudín de pan y mantequilla y el chocolate, te encantará este pastel. Si quieres darle un giro, usa panettone (pan italiano de Navidad) en lugar del pan de fruta.

Temperatura del horno 180° C, 350° F, Gas 4

Pastel de chocolate empalagoso con frambuesa

Tiempo de preparación: 25 minutos + 1 hora para enfriar
Tiempo de cocción: 30 minutos **Calorías:** 298 **Grasa:** 19 g

75g de mantequilla sin sal
mantequilla adicional, para engrasar
75g de chocolate semidulce, en trozos
75g de frambuesas frescas o
congeladas, descongeladas en su caso
frambuesas adicionales, para decorar
2 huevos medianos, separadas
las claras de las yemas
55g de azúcar refinada
30g de almendras molidas
30g de cocoa en polvo, cernida
30g de harina, cernida
azúcar glas, para espolvorear
menta fresca, para decorar

Salsa

145g de frambuesas frescas o
congeladas, descongeladas en su caso
1 cucharada de azúcar refinada,
opcional

1 Precalienta el horno. Engrasa la base y los costados de un molde para pastel de fondo amplio de 18 cm y forra con papel encerado. Funde el chocolate y la mantequilla en un recipiente a baño maría, sin dejar de revolver. Deja enfriar un poco.

2 Mientras, exprime 75g de frambuesas en el colador. Bate las yemas de huevo y el azúcar refinada hasta que estén pálidas y cremosas; después añade las almendras, la cocoa, el harina, el chocolate fundido y las frambuesas exprimidas.

3 Bate las claras a punto de turrón; es más fácil si lo haces con la batidora eléctrica. Incorpora un poco a la mezcla de chocolate para aflojarla, y después agrega el resto. Sirve en el molde y hornea durante 25 minutos, o hasta que esté bien levantado y firme. Deja enfriar durante 1 hora.

4 Para preparar la salsa, exprime las frambuesas en el colador y mezcla con el azúcar, en su caso. Desmolda el pastel y espolvorea con azúcar glas. Sirve acompañado de la salsa y decorado con menta y frambuesas.

Porciones: 6

Nota: Este pudín realmente te deja sin palabras. El sabor de las frambuesas se mezcla con la intensidad del pastel de chocolate. Sirve con una buena porción de crème fraîche (nata) o yogurt natural.

Temperatura del horno 180° C, 360° F, Gas 6

Pastel cremoso de queso con chocolate

Tiempo de preparación: 35 minutos + 20 minutos para enfriar + 2 horas para refrigerar
Tiempo de cocción: 15 minutos **Calorías:** 387 **Grasa:** 30 g

100g de galletas integrales (de diversos cereales y ligeras)
55g de mantequilla
1 cucharada de miel
200g de queso crema
2 cucharadas de azúcar refinada
100g de pastillas de chocolate semidulce
30g de cocoa en polvo, cernida
200g de crema para batir o doble crema
30g de chocolate semidulce, en virutas cortadas con el pelador de verdura, para decorar

1 Precalienta el horno. Pon las galletas en una bolsa de plástico y pulveriza con el rodillo. Calienta la mantequilla y la miel hasta que se fundan, sin dejar de revolver. Incorpora las galletas pulverizadas y sirve en un molde para pastel de 18 cm y hornea durante 15 minutos, o hasta que estén crujientes. Deja enfriar durante 20 minutos.

2 Bate el queso crema con el azúcar hasta que se suavice. Funde la mitad de las pastillas de chocolate en un recipiente a baño maría. Mezcla la cocoa con 2 cucharadas de agua hirviendo para formar una pasta. Incorpora al chocolate fundido y después a la mezcla de queso crema. Añade el resto de las pastillas de chocolate.

3 Bate la mitad de la crema a punto de nieve. Agrega a la mezcla de chocolate y sirve sobre la base de galletas. Refrigera durante 2 horas, o hasta que cuaje. Retira del molde. Bate el resto de la crema, unta en el pastel de queso y espolvorea con las virutas de chocolate.

Porciones: 8

Nota: ¿Qué es más delicioso que una rebanada de cremoso y pegajoso pastel de queso cubierto con crema? Para que sea más tentador, bate la crema con un poco de licor de frutas.

Temperatura del horno 180° C, 350° F, Gas 4

Pudines de chocolate

Tiempo de preparación: 15 minutos + 30 minutos para enfriar + 1 hora para refrigerar
Tiempo de cocción: 45 minutos **Calorías:** 751 **Grasa:** 98 g

200g de chocolate semidulce fino,
partido en cuadros
³/₅ de taza de leche
2 cucharadas de brandy
1 huevo
2 yemas de huevo
1 cucharadita de extracto de vainilla
225ml de doble crema
2 cucharadas de azúcar refinada
4 cucharadas de yogurt natural
nuez moscada, en polvo, para decorar

1 Precalienta el horno. En una olla chica, coloca el chocolate, la leche y el brandy. Cocina a fuego lento, revolviendo de vez en cuando, durante 5-6 minutos, hasta que se funda, no dejes que hierva. Retira de la estufa.

2 En un tazón, bate el huevo, las yemas, el extracto de vainilla, la crema y el azúcar hasta que estén bien revueltos. Añade rápido a la mezcla de chocolate, revuelve hasta que quede homogéneo.

3 Divide la mezcla en partes iguales en cuatro moldes individuales de 200 ml. Coloca dos capas de periódico en una fuente de horno y vierte agua suficiente para cubrir la mitad de la altura de los moldes. Hornea durante 35-40 minutos, o hasta que cuajen ligeramente. Retira y deja enfriar durante 30 minutos, después refrigera durante 1 hora. Sirve con yogurt y nuez moscada en polvo.

Porciones: 4

Nota: Estos pudines se hacen con una deliciosa crema de chocolate italiano. Son un verdadero postre si se sirven acompañados de crujientes galletas de almendra.

Temperatura del horno 160° C, 325° F, Gas 3

Profiteroles de chocolate

Tiempo de preparación: 10 minutos + 10 minutos para enfriar
Tiempo de cocción: 25 minutos **Calorías:** 501 **Grasa:** 16.4 g

170g de chocolate amargo, fundido

Pasta choux
1 taza de agua
85g de mantequilla
1 taza de harina
3 huevos

Relleno de licor de chocolate
½ taza de azúcar
3 yemas de huevo
2 cucharadas de harina
1 taza de leche
55g de chocolate amargo, en trozos
1 cucharada de licor de naranja

1 Para preparar la pasta, coloca el agua y la mantequilla en una olla y deja que suelte el hervor a fuego lento. En cuanto hierva la mezcla, con una cuchara de madera agrega rápido el harina. Cocina a fuego lento, revolviendo constantemente, durante 2 minutos, o hasta que la mezcla esté homogénea y se escurra por los costados de la olla.

2 Incorpora los huevos, uno por uno, batiendo bien después de cada adición, hasta que la mezcla esté ligera y brillante.

3 En charolas para horno engrasadas, coloca cucharadas copeteadas de la mezcla y hornea durante 10 minutos. Baja la temperatura del horno a 180° C, 350° F, Gas 4, y hornea durante 10 minutos más, o hasta que las pastas se doren y estén crujientes. Haz un hoyo pequeño en el centro de cada pasta y pon en rejillas de metal para que se enfríen.

4 Para preparar el relleno, en un recipiente coloca el azúcar y las yemas de huevo, bate hasta que estén espesas y pálidas. Agrega el harina y bate hasta que se revuelvan.

5 En una olla, coloca la leche, el chocolate y el licor, calienta a fuego medio, revolviendo de vez en cuando, hasta que la mezcla esté homogénea. Retira la olla de la estufa y lentamente incorpora a la mezcla de yema de huevo. Regresa la olla a la estufa y calienta a fuego medio, revolviendo de vez en cuando, hasta que espese la mezcla. Retira de la estufa, tapa y reserva para que se enfríe.

6 Coloca el relleno en una duya con boquilla chica y plana y vierte en los huecos de los profiteroles. Baña la parte superior de los profiteroles en el chocolate fundido y coloca en una rejilla de metal para que cuajen.

Porciones: 6-8

Temperatura del horno 200° C, 400° F, Gas 6

Rollo de chocolate y fresa

Tiempo de preparación: 25minutos **Tiempo de cocción:** 12 minutos +
20 minutos para enfriar **Calorías:** 346 **Grasa:** 9 g

aceite de girasol, para engrasar
3 huevos medianos
125g de azúcar refinada
55g de harina integral
55g de harina blanca, cernida
1 cucharada de cocoa en polvo,
cernida
2 cucharadas adicionales, para
espolvorear
115g de yogurt natural
100g de queso ricotta
145g de fresas, picadas o rebanadas
azúcar glas, para espolvorear

1 Precalienta el horno. Engrasa un molde para rollo suizo de 33 x 23 cm y forra con papel encerado. Coloca los huevos y el azúcar refinada en un recipiente refractario a baño maría, y bate hasta que estén pálidos y cremosos. Retira de la estufa y bate hasta que se enfríen.

2 Incorpora poco a poco con una cuchara de metal el harina integral a la mezcla; después agrega el harina blanca, y la cocoa disuelta en una cucharada de agua caliente. Vierte en el molde y alisa la superficie con el dorso de una cuchara.

3 Hornea durante 10-12 minutos, hasta que se levante y esté firme. Desmolda sobre una hoja de papel encerado, con un cuchillo afilado corta los bordes del bizcocho y enrolla con el papel adentro. Coloca con los bordes hacia abajo en una rejilla de metal y deja enfriar durante 30 minutos, después desenrolla con cuidado y tira el papel.

4 Mezcla el yogurt con el ricotta y unta de manera uniforme en el pastel. Esparce las fresas y vuelve a enrollar el pastel. Espolvorea con cocoa y azúcar glas.

Porciones: 6

Nota: También pueden usarse frambuesas frescas o rebanadas de durazno, pera o plátano, para rellenar este irresistible pan de chocolate ligero.

Temperatura del horno 200° C, 400° F, Gas 6

Pudines de chocolate con crema de jengibre

Tiempo de preparación: 20 minutos + 20 minutos para refrigerar
Tiempo de cocción: 20 minutos **Calorías:** 536 **Grasa:** 35 g

mantequilla sin sal, para engrasar
200g de chocolate fino, en trozos
1 cucharadita de jengibre, en polvo
1 cucharadita de extracto de vainilla
4 huevos grandes, separadas las claras de las yemas
145g de azúcar refinada
2 cucharadas de harina
⅛ de cucharadita de polvo para hornear
azúcar glas, para espolvorear

Crema de jengibre
1 taza de crema para batir
1 cucharada de licor de jengibre, frío
1 cucharadita de jengibre, en polvo
azúcar glas, al gusto

1 Engrasa con mantequilla seis moldes para suflé de 10 cm, y refrigera durante 20 minutos. Calienta el chocolate a baño maría, revuelve hasta que se funda, después incorpora el jengibre y el extracto de vainilla.

2 Precalienta el horno. Saca los moldes de suflé del refrigerador y vuelve a engrasar con mantequilla. Bate las yemas e incorpora a la mezcla de chocolate, con una cuchara de metal agrega el azúcar refinada, el harina y el polvo para hornear. Bate las claras a punto de turrón; es más fácil si lo haces con la batidora eléctrica. Sirve una cucharada a la mezcla de chocolate para aflojarla, después añade el resto. Sirve la mezcla en los moldes y hornea durante 20 minutos, o hasta que se levanten bien.

3 Mientras, prepara la crema de jengibre. Bate la crema a punto de nieve, agrega el licor de jengibre y el jengibre en polvo, endulza al gusto con azúcar glas. Espolvorea los pudines con azúcar glas y sirve calientes con la crema de jengibre.

Porciones: 6

Nota: Estos pudines son firmes por fuera pero muy ligeros y suaves por dentro. Su acompañamiento perfecto es una porción generosa de crema sabor jengibre.

Temperatura del horno 190° C, 375° F, Gas 5

Mousse rosa y blanco

Tiempo de preparación: 10 minutos + 1 hora para refrigerar
Tiempo de cocción: 10 minutos **Calorías:** 415 **Grasa:** 12 g

500g de mezcla de moras, de tu elección

1 taza de azúcar

1 cucharada de licor de naranja

¼ de taza de agua

6 yemas de huevo

200g de chocolate blanco, fundido

2 cucharaditas de extracto de vainilla

1²/₃ taza de doble crema espesa, batida

virutas de chocolate blanco

1 Coloca las moras en el procesador de alimentos o en la licuadora y hazlas puré. Pasa el puré por el colador y coloca en una olla. Agrega un tercio del azúcar y el licor, deja que hierva a fuego lento. Calienta, revolviendo de vez en cuando, hasta que la mezcla se reduzca a una taza. Retira la olla de la estufa y reserva.

2 Coloca el agua, las yemas de huevo y el resto del azúcar en un tazón refractario a baño maría, y bate durante 8 minutos, o hasta que la mezcla esté ligera y cremosa. Retira el recipiente de la olla; agrega el chocolate y el extracto de vainilla, bate hasta que la mezcla se enfríe. Incorpora la crema a la mezcla de chocolate. Divide en dos porciones.

3 Mezcla el puré de moras con una porción de la mezcla de chocolate y la otra déjala natural. Sirve en vasos cucharadas alternadas de la mezcla natural y de moras. Con una brocheta, revuelve la mezcla para darle un efecto de ondas. Refrigera hasta que cuaje. Justo antes de servir, decora con virutas de chocolate.

Porciones: 8

Nota: Cuando sea temporada, adorna con moras frescas y pasas rojas.

Pudín de chocolate con salsa de chocolate

Tiempo de preparación: 12 minutos **Tiempo de cocción:** 40 minutos **Calorías:** 336 **Grasa:** 4.6 g

1 taza de harina
1 cucharadita de polvo para hornear
¼ de taza de cocoa en polvo
¾ de taza de azúcar refinada
½ taza de leche
45g de mantequilla, fundida

Salsa
¾ de taza de azúcar morena
¼ de taza de cocoa en polvo, cernida
1¼ tazas de agua caliente

1 En un tazón, cierne el harina y la cocoa. Agrega el azúcar refinada y revuelve muy bien. Haz un hueco en el centro de los ingredientes secos, añade la leche y la mantequilla, mezcla muy bien. Vierte la mezcla en un refractario engrasado de cuatro tazas de capacidad.

2 Para preparar la salsa, coloca el azúcar morena y la cocoa en polvo en un tazón. Agrega el agua poco a poco y mezcla hasta que quede homogénea. Con cuidado, vierte la salsa sobre la mezcla del refractario y hornea durante 40 minutos, o hasta que el pastel esté cocido después de probarlo con el tenedor. Sirve trozos del pastel con un poco de la misma salsa de la base del refractario y acompaña con una bola de helado de vainilla o chocolate.

Porciones: 6

Temperatura del horno 180° C, 350° F, Gas 4

Ocasiones especiales

Sorbete en la primera cita, tiramisú en el compromiso y dulce de leche, azúcar y licor para el té en la cocina. Baklava para la boda, pastel de queso para el baby shower y crepas de plátano para la primera pijamada. En este capítulo encontrarás los ricos mosaicos que conforman a la vida en forma de sabores notables. La vida es lo que tú quieras que sea, y ahora con estas recetas especiales harás que el sabor de cada evento de la vida sepa tan rico como las sensaciones que provoca.

Sorbete de frambuesa en merengue de avellana

Tiempo de preparación: 25 minutos + 2-3 horas para congelar + 20 minutos para enfriar
Tiempo de cocción: 1 hora **Calorías:** 284 **Grasa:** 19 g

285g de polvo para merengue
55g de avellanadas asadas y picadas
2 cucharaditas de maicena
200ml de crème fraîche (nata)
100g de frambuesas frescas
menta fresca, para decorar

Sorbete

250g de frambuesas frescas o
congeladas, descongeladas en su caso
1 plátano maduro, machacado
1 naranja, el jugo

1 Primero prepara el sorbete. Bate las frambuesas con el plátano y el jugo de naranja, hasta que se mezclen bien. Pasa a un molde para congelador y congela durante 2-3 horas; revuelve una o dos veces.

2 Precalienta el horno. Forra dos charolas para horno con papel encerado. Prepara el merengue siguiendo las instrucciones del empaque y batiendo a punto de nieve, es más fácil si lo haces con la batidora eléctrica.

3 Agrega las avellanas y la maicena. Sirve la mezcla en las charolas, haciendo tres círculos en cada una. Con un tenedor, haz un chino en la punta y hornea durante 1 hora, o hasta que estén crujientes. Deja enfriar durante 20 minutos.

4 Sirve crème fraîche en el merengue y bolas pequeñas o chinos de sorbete, decora con frambuesas y menta fresca.

Porciones: 6

Nota: *La ligera acidez del sorbete de frambuesa realmente levanta este delicioso merengue. Puedes preparar el sorbete con una semana de anticipación, pero descongélalo 15 minutos antes de servir.*

El polvo para merengue se consigue en tiendas de artículos de repostería.

Temperatura del horno 150° C, 300° F, Gas 2

Dulce de crema con limón y jengibre

Tiempo de preparación: 15 minutos + 30 minutos para refrigerar **Calorías:** 396 **Grasa:** 34 g

1 taza de doble crema
100ml de vino de jengibre o de vino blanco semidulce
1 limón grande, la ralladura y el jugo
55g de azúcar refinada
2 piezas de jengibre en almíbar, escurridas
menta fresca, para decorar

1 Bate la crema hasta que esté ligeramente espesa. Poco a poco y sin dejar de batir, incorpora el vino de jengibre o el vino blanco, la ralladura y el jugo de limón, y el azúcar.

2 Parte una pieza de jengibre en juliana y reserva. La otra pieza pícala finamente e incorpórala a la mezcla de crema.

3 Sirve la mezcla en vasos o tazones pequeños y refrigera durante 30 minutos. Decora con los trocitos de jengibre que reservaste y la menta.

Porciones: 4

Nota: Sirve este pudín de limón con galletas crujientes, como lenguas de gato. No prepares el dulce de crema con mucha anticipación porque después de unas horas se separa.

Tiramisú

Tiempo de preparación: 10 minutos + 15 minutos para refrigerar **Calorías:** 356 **Grasa:** 7 g

250g de mascarpone
½ taza de doble crema
2 cucharadas de brandy
¼ de taza de azúcar
2 cucharadas de café soluble
1½ tazas de agua hirviendo
1 paquete de 250g de dedos de pan
250g de chocolate, rallado

1 En un tazón, coloca el mascarpone, la crema, el brandy y el azúcar; revuelve bien y reserva. Disuelve el café en el agua hirviendo y reserva.

2 Forra la base de un refractario cuadrado de 20 cm con la tercera parte de los dedos de pan, y cubre con la tercera parte de la mezcla de mascarpone. Repite el procedimiento, terminando con una capa de mezcla de mascarpone. Espolvorea con el chocolate rallado y refrigera durante 15 minutos antes de servir.

Porciones: 4

Nota: El mascarpone es un queso fresco hecho con crema. Lo encuentras en tiendas delicatessen y en supermercados. Si no, mezcla 1 parte de crema agria con 3 partes de doble crema ligeramente batida.

Tarta de manzana volteada

Tiempo de preparación: 25 minutos + 10 minutos para refrigerar + 10 minutos para enfriar
Tiempo de cocción: 40 minutos **Calorías:** 317 **Grasa:** 21 g

100g de harina
1 cucharada de maicena
1 pizca de sal
1 cucharada de azúcar glas
145g de mantequilla sin sal, suavizada
55g de azúcar mascabado
1 pizca de canela en polvo
2 manzanas grande o 4 chicas, peladas, descorazonadas y en rebanadas

1 Precalienta el horno. Cierne el harina con la maicena, la sal y el azúcar glas; después incorpora 100g de la mantequilla, hasta formar una pelota suave con la masa. Dale forma, envuelve en plástico adherente y refrigera durante 10 minutos.

2 Coloca el azúcar mascabado, el resto de la mantequilla y la canela en una sartén refractaria o en un molde de pastel llano de teflón de 20 cm. Calienta durante 3 minutos en el horno, o hasta que el azúcar se vuelva miel.

3 Acomoda las manzanas en el molde. Amasa la pasta entre dos hojas de papel encerado, hasta que quede más larga que la sartén o el molde. Cubre las manzanas con la masa, pega los bordes en el interior del molde. Hornea durante 35-40 minutos, hasta que la pasta esté crujiente y dorada. Deja enfriar durante 10 minutos, después invierte y sirve en un platón.

Porciones: 6

Nota: Para hacer el cambio a la tradicional tarta francesa de manzana (tarte tatin), se usa una deliciosa pasta estilo galleta de mantequilla. Si tienes prisa, sustitúyela con una hoja de pasta hojaldrada.

Temperatura del horno 180° C, 350° F, Gas 4

Crepas de plátano caramelizado

Tiempo de preparación: 10 minutos **Tiempo de cocción:** 25 minutos **Calorías:** 250 **Grasa:** 10 g

1 huevo grande
100g de harina, cernida
1 pizca de sal
1 taza de leche semidescremada
30g de mantequilla, fundida
aceite de girasol, para engrasar
2 plátanos grandes, maduros, en rebanadas
2 cucharadas de Madeira, vino de postre o
2 cucharadas de Drambuie
2-3 cucharaditas de azúcar sin refinar

1 Mezcla el huevo, el harina, la sal y un poco de leche para formar una pasta homogénea. Poco a poco, incorpora la leche y después la mantequilla.

2 Engrasa con el aceite una sartén de teflón mediana y calienta hasta que esté bien caliente. Sirve 2-3 cucharadas de la masa, inclina para cubrir la base de la sartén. Cuece las crepas durante 1-2 minutos de cada lado, hasta que se doren. Repite el procedimiento para hacer 8 más, conserva las crepas calientes y sepáralas con papel encerado para que no se peguen.

3 Precalienta la parrilla. Limpia la sartén y coloca los plátanos, el vino, el Madeira o el Drambuie y calienta muy bien, sin dejar de revolver.

4 Cuando se haya evaporado casi todo el líquido, coloca una cucharada de la mezcla de plátano en cada crepa, dóblala en cuatro y ponlas en un refractario. Espolvorea con el azúcar y calienta hasta que la cubierta de las crepas se dore y caramelice ligeramente.

Porciones: 4

Nota: Estas crepas rellenas de plátanos calientes con caramelo ocultan una sorpresa. Para los niños, reemplaza el alcohol con miel de maple. Sirve con yogurt griego o con helado.

Postre de ruibarbo y manzana

Tiempo de preparación: 20 minutos **Tiempo de cocción:** 50 minutos **Calorías:** 312 **Grasa:** 12 g

250g de ruibarbo, picado
2 cucharadas de jugo de naranja, fresco
2 cucharadas de azúcar, o al gusto
mantequilla, para engrasar
250g de manzanas, descorazonadas y picadas

Dulce

55g de mantequilla fría o una barra de margarina, en cubos
75g de harina integral
55g de granola
55g de azúcar mascabado

1 Precalienta el horno. En una olla, coloca el ruibarbo, el jugo de naranja y el azúcar. Tapa y cocina durante 4-5 minutos, hasta que el ruibarbo comience a suavizar. Coloca la mezcla en un refractario ligeramente engrasado de 23 x 15 cm, e incorpora las manzanas.

2 Para preparar el dulce, con los dedos frota la mantequilla o la margarina con el harina, hasta que la mezcla tenga consistencia de migajas gruesas. Agrega la granola y el azúcar mascabado, y espolvorea sobre la fruta. Hornea durante 40-45 minutos, hasta que la cubierta esté crujiente y dorada.

Porciones: 4

Temperatura del horno 180° C, 350° F, Gas 4

Tarta de nuez y naranja

Tiempo de preparación: 20 minutos + tiempo para refrigerar + 20 minutos para enfriar
Tiempo de cocción: 50 minutos **Calorías:** 454 **Grasa:** 33 g

200g de pasta quebradiza,
descongelada en su caso
1 huevo grande
5 cucharadas de miel de maple
o miel natural
1 pizca de sal
1 cucharadita de ralladura de naranja
55g de azúcar refinada
55g de mantequilla, fundida
125g de nueces pecanas

1 Precalienta el horno. Amasa la pasta en una superficie ligeramente enharinada y úsala para forrar un molde de tarta de 20 cm. Refrigera durante 10 minutos.

2 Cubre la pasta con papel encerado y frijoles. Hornea durante 15 minutos, retira el papel y los frijoles y cuece otros 5 minutos, o hasta que se dore ligeramente. Deja enfriar durante 5 minutos.

3 Bate el huevo con la miel de maple o natural, la sal, la ralladura de naranja, el azúcar y la mantequilla, hasta que se revuelvan. Sirve la mezcla sobre la pasta del molde y acomoda encima las nueces. Hornea durante 30 minutos, o hasta que cuaje. Deja enfriar en el molde durante 15 minutos.

Porciones: 6

Nota: Esta fabulosa versión del pay de nuez es muy fácil de preparar. Es irresistible si se sirve caliente directo del horno con helado de vainilla o nata.

Temperatura del horno 200° C, 400° F, Gas 6

Clafoutis de plátano extra ligero

Tiempo de preparación: 15 minutos **Tiempo de cocción:** 40 minutos **Calorías:** 425 **Grasa:** 16 g

75g de mantequilla, fundida
4 cucharadas de melaza o azúcar mascabado
1 limón, el jugo y la ralladura
4 cucharadas de ron
1kg de plátanos, en trozos
1 taza de leche semidescremada
4 huevos, separadas las claras de las yemas
3 cucharadas de azúcar
100g de harina
1 cucharadita de canela, en polvo
azúcar glas, para espolvorear

1 Precalienta el horno. Coloca la mantequilla, la melaza o azúcar mascabado, la ralladura de limón y el ron en un refractario de 33 x 23 cm, y revuelve bien. Agrega los plátanos y reboza para cubrir bien. Hornea durante 12-15 minutos, revolviendo con frecuencia, hasta que se suavicen los plátanos.

2 Mientras, calienta la leche en una olla. Bate las yemas de huevo con el azúcar hasta que estén pálidas y cremosas. Incorpora, sin dejar de batir, la leche caliente, el harina y la canela. Bate las claras a punto de nieve, y después incorpora a la mezcla.

3 Saca los plátanos del horno y baja la temperatura a 200° C, 400° F, Gas 6. Vierte la masa sobre los plátanos y regresa el refractario al horno. Hornea durante 20-25 minutos, hasta que se dore y suba bien. Verifica que el pastel esté cocido insertándole un tenedor en el centro, el cual debe salir limpio. Permite que se enfríe un poco, la mezcla se hundirá rápido conforme se enfría; después espolvorea con azúcar glas y sirve caliente.

Porciones: 6

Nota: El clafoutis tradicionalmente se prepara con cerezas, pero los plátanos dan a este pastel un sabor maravilloso. Sabe rico si se sirve solo, o acompañado de doble crema o helado de vainilla.

Temperatura del horno 220° C, 440° F, Gas 7

Pay de queso de limón y ricotta

Tiempo de preparación: 20 minutos + 1 hora para enfriar
Tiempo de cocción: 1 hora 5 minutos **Calorías:** 386 **Grasa:** 24 g

55g de mantequilla
100g de galletas integrales
(de cereales y ligeras), pulverizadas
40g de almendras, molidas
3 limones
225g de ricotta
145g de yogurt natural
3 huevos
1 cucharada de maicena
75g de azúcar refinada
1 cucharada de miel

1 Precalienta el horno. Funde la mantequilla en una olla, e incorpora las galletas y las almendras. Presiona en la base de un molde para pastel hondo, ligeramente engrasado. Cuece en el horno durante 10 minutos.

2 Mientras, ralla finamente la cáscara de dos limones y exprime el jugo. Mezcla con el ricotta, el yogurt, los huevos, la maicena y el azúcar en el procesador de alimentos hasta que quede una pasta homogénea, o bate a mano. Vierte la mezcla en la base de galleta y hornea durante 45-50 minutos, hasta que cuaje y dore ligeramente. Deja enfriar en el molde cuando menos durante 1 hora, después pasa un cuchillo para despegar los bordes y desmolda en un platón.

3 Rebana finamente el limón restante, colócalo en una olla, cubre con agua hirviendo y hierve a fuego lento durante 5 minutos, después escurre. Calienta la miel a fuego lento, no dejes que hierva. Reboza las rebanadas de limón en la miel y acomódalas sobre el pay de queso.

Porciones: 6

Nota: Es muy fácil hacer este ligero pay de queso sabor limón con base de galletas y almendras. Puede servirse como postre o para acompañar de una taza de café.

Temperatura del horno 180° C, 350° F, Gas 4

Baklava de dátiles y nuez de Castilla

Tiempo de preparación: 40 minutos + 1 hora 20 minutos para enfriar
Tiempo de cocción: 1 hora 30 minutos **Calorías:** 542 **Grasa:** 27 g

250g de dátiles secos, sin hueso, picados
1 naranja, la ralladura y el jugo
125g de nueces de Castilla, picadas
½ cucharadita de canela, en polvo
75g de mantequilla, fundida
12 hojas de pasta filo, cortadas al tamaño del molde
1 cucharadita de semillas de ajonjolí
145g de miel
½ limón, el jugo

1 Precalienta el horno. En una olla, hierve a fuego lento los dátiles y el jugo de naranja durante 4-5 minutos, hasta que se absorba el líquido. Agrega la ralladura, las nueces y la canela. Engrasa con mantequilla un molde llano cuadrado de 20 cm. Conservando la pasta tapada, coloca 1 hoja en el molde y barniza con mantequilla, cubre con otra hoja y también barnízala. Repite el procedimiento hasta que tengas ocho capas en total.

2 Sirve la mitad de la mezcla de dátiles en la pasta y cubre con dos hojas engrasadas con mantequilla. Aprieta los bordes, marca la parte superior con cruces para formar figuras de diamantes y espolvorea con el ajonjolí. Hornea durante 30 minutos, o hasta que se dore; baja la temperatura del horno a 150° C, 300° F, Gas 2, y hornea durante otros 30-40 minutos.

3 Hierve a fuego lento la miel, el jugo de limón y 200ml de agua en una olla durante 10-15 minutos, hasta que el líquido se reduzca a la mitad y deja enfriar durante 20 minutos. Baña la baklava y deja enfriar durante 1 hora antes de partir.

Porciones: 6

Nota: Un delicioso relleno de nueces, fruta jugosa y especias hace que se te escurra la baba por este dulce y empalagoso postre.

Temperatura del horno 180° C, 350° F, Gas 4

Glosario

Ablandar: por ejemplo, gelatina, se rocía con agua fría y se deja aguadar, después se disuelve y se licua.

Aceite de ajonjolí oscuro (también conocido como aceite de ajonjolí oriental): aceite poliinsaturado oscuro con un bajo punto de ebullición, usado para sazonar. No se reemplaza con aceite de ajonjolí claro.

Aceite de cártamo: aceite vegetal que contiene la mayor proporción de grasas poliinsaturadas.

Aceite de oliva: varios grados de aceite extraído de las aceitunas. El aceite extra virgen tiene un sabor fuerte y frutal y es el menos ácido. El aceite de oliva virgen es un poco más ácido y tiene un sabor más ligero. El aceite de oliva puro es una mezcla procesada de aceites de oliva, es el más ácido y tiene el sabor más ligero.

Acremar: suavizar y hacer cremoso frotando con el dorso de una cuchara o batiendo con la batidora. Por lo general, se aplica a la mantequilla y el azúcar.

Adornar: decorar la comida, por lo general con algo comestible.

Agua acidulada: agua con un ácido, como jugo de limón o vinagre, que evita la decoloración de los ingredientes, en especial de frutas o verduras. El agua acidulada se prepara con 1 cucharadita de ácido por cada 300ml de agua.

Al dente: término de la cocina italiana que se aplica a ingredientes que se cuecen hasta que se suavizan pero siguen firmes; por lo general se aplica a la pasta.

Al gratín: comida espolvoreada con pan molido, por lo general cubierta de salsa de queso y horneada hasta que se forma una capa crujiente.

Alholva: hierba pequeña y delgada de la familia de los chícharos. Las semillas se usan como especia. La alholva de tierra tiene una fuerte dulzura de maple, es picosa pero agria y huele a azúcar quemada.

Amasar: trabajar la masa presionando con el talón de la mano, al mismo tiempo que se estira y se dobla la masa.

Americano: método para servir mariscos, por lo general langosta y rape, en una salsa preparada con aceite de oliva, hierbas de olor, jitomates, vino blanco, caldo de pescado, brandy y estragón.

Antipasto: palabra italiana que significa "antes de la comida"; son carnes frías, verduras y quesos, generalmente marinados, que se sirven como entradas. Un antipasto típico puede incluir salami, jamón serrano, corazones de alcachofa marinados, filetes de anchoas, aceitunas, atún y queso provolone.

Asar a la parrilla: término que se usa para las parrilladas.

Bañar: verter en forma de hililo sobre una superficie.

Bañar en su jugo: humedecer la comida mientras se cuece con los jugos o grasas que suelta.

Baño maría: una olla dentro de otra más grande llena de agua hirviendo para conservar los líquidos en punto de ebullición. Una vaporera doble hace la misma función.

Batir: revolver muy bien con fuerza.

Beurre manie: cantidades iguales de mantequilla y harina que se amasan juntas y se añaden, poco a poco, a los guisados o los estofados para espesarlos.

Blanc: líquido que se prepara añadiendo harina y jugo de limón al agua para que ciertas verduras no se decoloren al cocerse.

Bonne femme: platillos cocinados al estilo tradicional "casero" francés. El pollo y el cerdo bonne femme van acompañados de tocino, papas y cebolla baby; y el pescado bonne femme se prepara con champiñones y una salsa de vino blanco.

Burghul (o bulgur): tipo de trigo crujiente, cuyos granos se cuecen al vapor y se secan antes de molerlo.

Caldo: líquido que contiene sabores, extractos y nutrientes de huesos, carne, pescado o verduras.

Calzone: masa para pizza semicircular, relleno de carne o verduras, sellado y horneado.

Camarones pacotilla: son deliciosos si se comen solos. Son mucho más pequeños que los camarones comunes y los camarones gigantes. Son de sabor dulce, poca grasa y alto contenido de agua; son excelentes para cocteles.

Caramelizar: fundir azúcar hasta que se convierta en jarabe color café dorado.

Cernir: pasar una sustancia seca, en polvo, a través de un colador para retirar terrones y darle ligereza.

Champiñones: hongos pequeños, por lo general enlatados.

Chamuscar: flamear rápido las aves para retirar las plumas que llegan a quedar después de desplumarlas.

Chasseur: palabra francesa que significa "cazador"; estilo de cocina francesa en el que la carne y el pollo se cocinan con champiñones, cebollas de cambray, vino blanco y jitomate.

Clarificar: fundir mantequilla y escurrir la grasa del sedimento.

Condimentado: platillo o salsa ligeramente sazonada con ingredientes picosos como mostaza, salsa inglesa o pimienta de cayena.

Consomé: una sopa transparente hecha generalmente de res.

Cortar/cuajar: hacer que la leche o la salsa se separe y se convierta en sólido y líquido. Por ejemplo, las mezclas de huevos que se cuecen de más.

Coulis: puré líquido, generalmente de frutas o verduras frescas o cocidas, que puede verterse ("couler" significa derramar). El coulis puede tener una textura áspera o muy suave.

Couscous: cereal procesado de la sémola en bolitas, tradicionalmente al vapor y servido con carne y verduras en el clásico guisado del norte de África del mismo nombre.

Crucíferas: ciertos miembros de las familias de la mostaza, la col y el nabo con flores en forma de cruz y fuertes aromas y sabores.

Crudités: verduras crudas, cortadas en rebanadas o palitos que se comen solas o acompañadas de una salsa, o verduras desmenuzadas en forma de ensalada con un aderezo sencillo.

Crutones: cubos pequeños de pan tostado o frito.

Cubos: partir en pedazos pequeños con seis lados iguales.

Cubrir: tapar los alimentos cocinados con salsa.

Dar un hervor: hervir o dejar hervir hasta que esté medio cocido; por ejemplo, cocer más que al escaldar.

Descuartizar: cortar aves o pequeños animales en trozos pequeños dividiéndolos a través de las articulaciones.

Desengrasar: retirar la grasa de la superficie de un líquido. De ser posible, el líquido debe enfriarse para que se solidifique la grasa. Si no, retira la mayor parte de la grasa con una cuchara de metal grande y después saca con una toalla de papel los restos.

Desglasear: disolver los jugos solidificados o el glaseado que están en el fondo de una olla añadiendo un líquido, moviendo vigorosamente mientras el líquido suelta el hervor. Los jugos pueden usarse para hacer gravy o incorporarse a la salsa.

Desmenuzar: romper en trozos pequeños con un tenedor.

Disolver: mezclar un ingrediente seco con uno líquido hasta que se absorbe.

Dorar: freír en una pequeña cantidad de aceite hasta dorar.

Emulsión: mezcla de dos líquidos que no son solubles uno en el otro; por ejemplo, agua y aceite.

Encurtir: del verbo francés "confire" que significa conservar. La comida que se encurte, se cocina a fuego muy lento hasta que está suave. En el caso de la carne, como la de pato o ganso, se cuece con su propia grasa y se cubre con ésta para que no entre en contacto con el aire. Las verduras, como las cebollas, son muy ricas encurtidas.

Engrasar: frotar o barnizar ligeramente con aceite o grasa.

Entrada: en Europa se refiere a los entremeses; en América del Norte es el plato principal.

Escabeche: cubrir alimentos, en especial el pescado, con vinagre de vino y especias, y cocer a fuego lento. Los alimentos se enfrían en el mismo líquido. El escabeche le da un sabor acidito a la comida.

Escaldar: meter en agua hirviendo y después, en algunos casos, en agua fría. Las frutas y los frutos secos (como nueces, pistaches, almendras) se escaldan para pelarlos con facilidad. El término también significa enjuagar con agua hirviendo. Sin embargo, para la leche no se dice escaldar, sino simplemente calentar sin que llegue al punto de ebullición.

Escalfar: dejar hervir a fuego lento y ligeramente en suficiente líquido caliente, procurando conservar la forma del alimento.

Espesar: añadir maicena, harina de maíz o harina blanca mezclada con una cantidad igual de agua fría a una pasta aguada y suave; se vierte en el líquido caliente, se cuece, sin dejar de mover, hasta que se haga más gruesa.

Espolvorear: cubrir con una capa ligera de harina o azúcar glas.

Espumar: retirar la capa de la superficie, que por lo general son impurezas y espuma, de un líquido con una cuchara de metal.

Esquirlar: cortar en piezas largas y delgadas, por lo general se refiere a nueces, especialmente almendras.

Estofar: cocinar piezas grandes o enteras de aves, pescado, carne o verduras en una pequeña cantidad de vino, caldo u otro líquido en una olla tapada. Por lo general, el ingrediente principal se dora primero en aceite y después se cuece en el horno a fuego lento, o en la estufa a fuego muy lento. Al estofar carnes duras y aves viejas producen una salsa dulce y sustanciosa.

Fibra dietética: material de plantas que el cuerpo humano no digiere o digiere parcialmente, pero que ayuda a la buena digestión de otros alimentos.

Filete: corte especial de res, cordero, cerdo o ternera; pechuga de aves; pescado que se corta a lo largo de la espina dorsal.

Filete relleno: pieza de carne, por lo general cerdo o ternera, que se rellena, se enrolla y se estofa o se escalfa. El relleno también puede ser una mezcla dulce o aromática que se hornea como rollo suizo en una charola, se rellena con un relleno de sabores contrastantes y se enrolla.

Filetear: cortar en rebanadas largas y delgadas; por lo general se refiere a frutos secos, especialmente a las almendras.

Flamear: prender los alimentos con alcohol caliente.

Forrar: cubrir la parte interior de un molde con papel para proteger o ayudar a sacar la mezcla.

Freír: cocinar rebanadas delgadas de carne y verduras a fuego alto en una pequeña cantidad de aceite, moviendo constantemente para que el cocimiento sea uniforme y en poco tiempo. Tradicionalmente, se usa un wok, pero puede usarse una sartén resistente.

Fricasé: platillo en el que el pescado, las aves o las verduras se sirven con una salsa blanca o puré. En Inglaterra y Estados Unidos, el nombre se refiere a un platillo tradicional de pollo con salsa cremosa.

Fricción: método para incorporar la grasa al harina usando sólo las yemas de los dedos. También incorpora aire a la mezcla.

Fundir: calentar hasta volver líquido.

Galanga: miembro de la familia del jengibre, comúnmente se conoce como jengibre de Laos o Siamese. Su sabor es como de pimienta con toques de jengibre.

Gástrica: azúcar caramelizada desglaseada con vinagre que se utiliza en salsas dulces de fruta en platillos como pato a la naranja.

Glaseado: capa delgada de huevo batido, jarabe o grenetina, con la que se barnizan las pastas (como empanadas, pays, etc.), las frutas o la comida ya cocida.

Gluten: proteína del harina que se produce cuando se amasa la masa, haciéndola elástica.

Grasa total: ingesta individual diaria de las tres grasas que se mencionan a continuación. Los nutriólogos sugieren que las grasas no deben conformar más del 35 por ciento de la energía de la dieta.

Grasas monoinsaturadas: uno de los tres tipos de grasas que se encuentran en los alimentos. Se cree que no elevan el nivel de colesterol en la sangre.

Grasas poliinsaturadas: uno de los tres tipos de grasas que se encuentran en los alimentos. Están presentes en grandes cantidades en aceites vegetales como el de cártamo, girasol, maíz y soya. Estas grasas reducen el nivel del colesterol en la sangre.

Grasas saturadas: uno de los tres tipos de grasas que se encuentran en los alimentos. Existe en grandes cantidades en los productos animales, los aceites de coco y de palma; elevan el nivel de colesterol en la sangre. Como los altos niveles de colesterol pueden provocar enfermedades cardiacas, se recomienda que el consumo de grasa saturada sea menor a 15 por ciento de las calorías de la dieta diaria.

Gratinar: platillo cocinado en el horno o a la parrilla para que se le forme una costra dorada. Primero se espolvorea pan molido o queso encima. Los platos llanos para gratinar permiten que la costra se extienda mucho más.

Hacer cortes: marcar la comida con cortes, muescas o líneas para evitar ondulaciones o para que la comida se vea más atractiva.

Hacer hinchar: remojar en líquido o humedecer hasta que esté redondo e hinchado.

Harina sazonada: harina con sal y pimienta.

Hervor: cocer alimentos en un líquido que burbujea constantemente, justo antes de alcanzar el punto de ebullición para que los alimentos se cuezan a fuego uniforme y sin romperse.

Hojas de parra: hojas tiernas de la vid, de sabor ligero, usadas en la cocina étnica para envolver mezclas aromáticas. Las hojas de parra deben enjuagarse muy bien porque se envasan en salmuera.

Incorporar: combinar con cuidado una mezcla ligera o delicada con una más densa, con una cuchara de metal.

Infusión: sumergir hierbas, especias u otros saborizantes en líquido caliente para darle sabor. Las infusiones se preparan en 2-5 minutos, dependiendo del saborizante. El líquido debe estar muy caliente, pero no hirviendo.

Inglés: estilo para cocinar platillos sencillos como verduras hervidas. El assiette inglés es un platillo de carnes frías.

Jardinera: guarnición de verduras del jardín, comúnmente zanahorias, cebollas en escabeche, chícharos y nabos.

Juliana: cortar los alimentos en tiras muy delgadas.

Licuar: revolver muy bien.

Macerar: sumergir alimentos en un líquido para suavizarlos.

Marinada: líquido sazonado; por lo general, es una mezcla de ácido y aceite en la que se sumergen carnes u otros alimentos para suavizarlos y darles más sabor.

Marinar: dejar reposar la comida en una marinada para sazonarla y suavizarla.

Marinera: estilo italiano para cocinar que no requiere ninguna combinación particular de ingredientes. La salsa de jitomate a la marinera para la pasta es la más conocida.

Mariposa: partir un alimento por la mitad horizontalmente, de tal manera que cuando se abra parezca alas de mariposa. La chuletas, los camarones grandes y los filetes de pescado gruesos por lo general se cortan así para que se cuezan más rápido.

Media salsa: líquido en el que se cuecen pescado, aves o carne. Por lo general consiste en agua con hoja de laurel, cebolla, zanahorias, sal y pimienta negra recién molida al gusto. Otros aditivos pueden incluir vino, vinagre, caldo, ajo o cebollas de cambray.

Mezclar: combinar ingredientes revolviéndolos.

Moler: convertir en trozos muy pequeños.

Montar: batir rápido, incorporar aire y producir expansión.

Nizardo: guarnición de jitomates, ajo y aceitunas negras; típica ensalada con anchoas, atún y chícharos.

Noisette: "nuez" pequeña del corte de cordero que se obtiene de la parte del lomo o pedazo que se enrolla, se amarra y se corta en rebanadas. También significa dar sabor con avellanas, o cocinar la mantequilla hasta que obtenga un color café dorado.

Normando: estilo de cocinar el pescado, con guarnición de camarones, mejillones y champiñones en salsa cremosa de vino blanco; en el caso de las aves y la carne, la salsa es de crema, calvados y manzana.

Olla grande de hierro o de barro: cazuela resistente con tapadera que por lo general está hecha de hierro fundido o barro.

Olla no reactiva: olla cuya superficie no reacciona químicamente con los alimentos. Los materiales usados son: acero inoxidable, esmalte, vidrio y algunas aleaciones.

Papillote: cocinar en papel encerado o papel aluminio engrasado con aceite o mantequilla. También en un papel decorativo que cubre los extremos de los huesos de las chuletas y de los muslos de las aves.

Partir/picar: cortar en trozos grandes, por lo general los jitomates.

Paté: pasta de carne o de mariscos que se usa para untar en galletas o totopos.

Pelar: retirar la capa exterior.

Potecito individual para horno: plato para horno pequeño redondo u ovalado.

Pulmones: pulmones de animal, que se usan en varios platillos con carne como patés y albóndigas.

Pulpeta: rebana delgada de carne, ave o pescado, rellena y enrollada. En Estados Unidos se conoce también como "rizo" y en Inglaterra "ratón".

Puré: pasta suave, por lo general de frutas o verduras, que se obtiene al pasar el alimento por un cernidor o coladera, o al molerlo en la licuadora o el procesador de alimentos.

Quemar: dorar la superficie muy rápido a fuego alto.

Rábano daikón (también conocido como molí): rábano japonés largo y blanco.

Ragout: tradicionalmente un guisado muy condimentado que contiene carne, verduras y vino. Hoy en día, el término se aplica a cualquier guisado.

Ralladura: capa exterior delgada de los cítricos que contiene el aromático aceite cítrico. Por lo general, se obtiene con un pelador de verduras, o con el rallador se separa de la piel blanca y amarga que está debajo de ella.

Ramito de hierbas de olor: ramito de hierbas, generalmente formado por ramitas de perejil, tomillo, mejorana, romero, laurel, granos de pimienta y clavos de olor, amarrado en una tela y se usa para darle sabor a los guisados y estofados.

Rebozar: cubrir con una capa delgada de harina, azúcar, frutos secos, pan molido, semillas de ajonjolí o de amapola, azúcar con canela, o algunas especias molidas. Cubrir con un ingrediente seco, como harina o azúcar.

Reconstituir: devolver la humedad a los alimentos deshidratados remojándolos en líquido.

Reducir: cocinar a fuego muy alto, sin tapar, hasta que el líquido se reduzca por evaporación.

Refrescar: enfriar rápido comida caliente, ya sea bajo el chorro del agua o sumergiéndola en agua helada, para que deje de cocinarse, sobre todo las verduras y de vez en cuando los mariscos.

Remojar: sumergir en agua o líquido frío para suavizar la comida y eliminar sabores fuertes o impurezas.

Revolver: mezclar ligeramente los ingredientes con dos tenedores o con un tenedor y una cuchara.

Rizos: ver pulpeta.

Rosca: mezcla dulce en forma de círculo.

Salsa: jugo derivado del ingrediente principal que se cocina, o la salsa que se añade al platillo para realzar su sabor. En Italia, el término generalmente se refiere a la salsa de la pasta; en México, el nombre se aplica a salsas crudas que se sirven como acompañamiento, sobre todo de totopos.

Salsa de nata: guisado blanco de cordero, res o pollo rebozado en yemas de huevo y crema, acompañado de cebolla y champiñones.

Salsa rubia: base para salsas que se hace con harina y mantequilla u otra sustancia grasa, a la que se le añade líquido caliente. Esta base para salsas puede ser blanca, rubia u oscura, dependiendo de cómo se haya cocinado la mantequilla.

Saltear: cocinar o dorar en una pequeña cantidad de grasa caliente.

Sancochar: hervir o dejar hervir hasta que esté medio cocido: es decir, cocer un poco más que al escaldar.

Sopa de pan: mezcla de rellenos y bolitas de masa, sobre todo croquetas, generalmente de pasta de hojaldre o simplemente pan molido. Una sopa de pan también puede hacerse con crema de almendras, puré de papa o arroz.

Sudar: cocinar comida picada o rebanada, por lo general verduras, con un poco de grasa y sin líquido a fuego muy lento. Se coloca un pedazo de papel aluminio encima para que la comida sude en sus propios jugos, comúnmente antes de añadirla a otros platillos.

Suero de leche: producto lácteo ácido y bajo en grasa; su ligera acidez lo hace ideal para marinar aves.

Sugo: salsa italiana hecha del líquido o del jugo extraído de la fruta o de la carne durante su cocción.

Tachonar: adornar con clavos de olor enteros, por ejemplo, el jamón al horno.

Timbal: mezcla cremosa de verduras o carne horneadas en un molde; también es una fuente de horno en forma de tambor.

Untar con mantequilla: untar mantequilla suave o fundida.

Vinagre balsámico: vinagre suave, muy aromático, a base de vino, que se hace en el norte de Italia. Tradicionalmente, este vinagre se añeja durante 7 años en una serie de barricas hechas de diferentes maderas.

Vinagre de arroz: vinagre suave y aromático, menos dulce que el vinagre de sidra y no tan fuerte como el vinagre de malta destilado. El vinagre de arroz japonés es más suave que la variedad china.

Pesos y medidas

Cocinar no es una ciencia exacta, no requieres de básculas bien calibradas, pipetas, ni equipo científico; sin embargo, en algunos países, la conversión a medidas métricas y sus interpretaciones asustan a muchas personas.

En las recetas, se dan pesos para ingredientes como carne, pescado, aves y algunas verduras, pero en la vida real unas cuantos gramos u onzas de más o de menos no afectan el éxito del platillo.

Aunque las recetas se probaron usando la medida estándar australiana en la que 250 ml equivalen a 1 taza, 20 ml a una cucharada y 5 ml a una cucharadita, funcionan exactamente igual en el sistema estadounidense y canadiense donde 8 fl oz son una taza, y en el inglés donde 300 ml equivalen a una taza. Usamos cantidades en tazas medidoras con graduación en lugar de las medidas con cucharadas para que las proporciones siempre sean las mismas. En las recetas donde se incluyen medidas con cucharadas, las medidas no son cruciales, así que si se usa la medida de una cucharada inglesa o estadounidense que es más pequeña, el éxito de la receta no se verá afectado. Cuando menos, la medida de la cucharadita es igual en todas partes.

En el caso de panes, pasteles y pays, el único problema que podría surgir es cuando la receta incluye huevos, porque las proporciones pueden variar. Si trabajas con una taza de 250 ó 300 ml, usa huevos grandes (de 65 g/2¼ oz), añadiendo un poco más de líquido a la receta de 300 ml, si lo consideras necesario. Usa huevos medianos (55 g/2 oz) si tu medida es de 8 fl oz. Se recomienda el uso de un juego de tazas y cucharas medidoras, sobre todo las tazas cuando se trate de medir ingredientes secos. Recuerda nivelar esos ingredientes para que la cantidad sea exacta.

Medidas inglesas
Todas las medidas son similares a las australianas, salvo dos excepciones: la medida de la taza inglesa es de 300 ml/10½ fl oz, mientras que la medida de taza americana y australiana es de 250 ml/8¾ fl oz. La cucharada inglesa (cucharita australiana) mide 14.8 ml/½ fl oz, en comparación con la cucharada australiana que es de 20 ml/¾ fl oz. La medida imperial es de 20 fl oz una pinta, 40 fl oz un cuarto y 160 fl oz un galón.

Medidas americanas
La pinta americana mide 16 fl oz, un cuarto equivale a 32 fl oz y el galón a 128 fl oz. En la medida imperial, una pinta, un cuarto y un galón equivalen a 20 fl oz, 40 fl oz y 60 fl oz, respectivamente. La cucharada americana es de 14.8 ml/½ fl oz, la cucharadita es de 5 ml/⅙fl oz. La medida de taza es de 250 ml/8¾ fl oz, igual que la australiana.

Medidas secas
Todas las medidas se nivelan; así que cuando llenes una taza o una cuchara, nivélala con el borde de un cuchillo. La escala de equivalencias que se presenta a continuación es "el equivalente del chef", no es una conversión exacta de las medidas métricas a las imperiales. Para calcular la medida exacta, multiplica las onzas x 28.349523 para obtener los gramos, o divide los gramos entre 28.349523 para sacar las onzas.

Métrico gramos (g), kilogramos (kg)	Imperial onzas (oz), libra (lb)
15g	0.33oz
20g	0.5oz
30g	1oz
55g	2oz
85g	3oz
115g	4oz/0.25 lb
125g	4.5oz
140/145g	5oz
170g	6oz
200g	7oz
225g	8oz/0.5lb
315g	11oz
340g	12oz/0.75lb
370g	13oz
400g	14oz
425g	15oz
455g	16oz/1lb
1,000g/1kg	35.3oz/2.2lb
1.5kg	3.33lb

Temperaturas del horno
Las temperaturas en grados Celsius que se dan en este recetario no son exactas, se redondearon y sólo sirven como guía. Sigue las instrucciones del fabricante y aplícalas a la descripción que se da en la receta. Recuerda que la parte superior de los hornos de gas es la más caliente; la parte inferior de los hornos eléctricos y los hornos de convección con ventilador, por lo general se calientan uniformemente. Se incluyeron indicadores de temperatura para hornos de gas, que podrían ser de ayuda. Para convertir de ° C a ° F, multiplica los ° C por 9, divide el resultado entre 5 y súmale 32.

	°C	°F	Gas
Muy lento	120	250	1
Lento	150	300	2
Moderadamente lento	160	325	3
Moderado	180	350	4
Moderadamente caliente	190-200	370-400	5-6
Caliente	210-220	410-440	6-7
Muy caliente	230	450	8
Súper caliente	250-290	475-500	9-10

Medidas en taza

Una taza es igual a los siguientes pesos:

	Métrico	Imperial
Almendras, fileteadas	85g	3oz
Almendras, partidas, molidas	125g	4.5oz
Almendras, enteras	155g	5.5oz
Manzanas, secas, picadas	125g	4.5oz
Chabacanos, secos, picados	190g	6.75oz
Pan molido, paquete	125g	4.5oz
Pan molido, suave	55g	2oz
Queso, rallado	115g	4oz
Trozos de chocolate	155.5g	5oz
Coco, seco	90g	3oz
Hojuelas de maíz	30g	1oz
Pasas	155.5g	5oz
Harina	115g	4oz
Fruta seca (mixta, pasas sultanas, etc.)	170g	6oz
Jengibre, cristalizado, glaseado	250g	8oz
Miel, melaza, miel maple	315g	11oz
Ralladura	225g	8oz
Frutos secos (nuez, pistache, cacahuate), picados	115g	4oz
Ciruelas pasa, picadas	225g	8oz
Arroz, cocido	155g	5.5oz
Arroz, crudo	225g	8oz
Avena	90g	3oz
Semillas de ajonjolí	115g	4oz
Mantequilla, margarina	225g	8oz
Azúcar, morena	155g	5.5oz
Azúcar, granulada o refinada	225g	8oz
Azúcar, glas cernida	155g	5.5oz
Germen de trigo	60g	2oz

Medidas de longitud

Algunos todavía tenemos problemas para convertir la longitud imperial a métrica. En la siguiente escala de equivalencias, las medidas se redondearon a números más fáciles de usar y más adecuados. Para obtener el equivalente métrico exacto al convertir pulgadas a centímetros, multiplica las pulgadas por 2.54, 1 pulgada es igual a 25.4 milímetros y 1 milímetro equivale a 0.03937 pulgadas.

Medidas de moldes para pastel

Métrico	15 cm	18 cm	20 cm	23 cm
Imperial	6 in	7 in	8 in	9 in

Medidas de moldes para pan

Métrico	23 × 12 cm	25 × 8 cm	28 × 18 cm
Imperial	9 × 5 in	10 × 3 in	11 × 7 in

Medidas de líquido

Métrico mililitros (ml)	Imperial onza líquida (fl oz)	Taza y cuchara
5ml	0.16fl oz	1 cucharadita
20ml	0.33fl oz	1 cucharada
30ml	1fl oz	1 cucharada + 2 cucharaditas
55ml	2fl oz	
63ml	2.25fl oz	
85ml	3fl oz	¼ taza
115ml	4fl oz	
125ml	4.5fl oz	½ taza
150ml	5.25fl oz	
188ml	6.75fl oz	¾ taza
225ml	8fl oz	
250ml	8.75fl oz	1 taza
300ml	10.5fl oz	
370ml	13fl oz	
400ml	14fl oz	
438ml	15.5fl oz	1¾ taza
455ml	16fl oz	
500ml	17.5fl oz	2 tazas
570ml	20fl oz	
1 litro	35.3fl oz	4 tazas

Medidas de longitud

Métrico milímetros (mm) centímetros (cm)	Imperial pulgadas (in), pies (ft)
5mm, 0.5cm	0.25in
10mm, 1.0cm	0.5in
20mm, 2.0cm	0.75in
2.5cm	1in
5cm	2in
7.5cm	3in
10cm	4in
12.5cm	5in
15cm	6in
18cm	7in
20cm	8in
23cm	9in
25cm	10in
28cm	11in
30cm	12in, 1 pie

Índice